心を盗まれた子供たち

萩原玄明

迷える潜在意識が引き起こす青少年期の異変

ハート出版

挿画　萩原　玄明

はじめに

最近の世相を見ていますと何も彼もがお金と物のことばかりで、人間の心のことがすっかりおろそかにされています。

こんな時に今若い世代の、特に子供さんの心の異変がとても多いと聞きます。

心の異変とは本来の性格からはとても考えられないような異常な言動が始まるということで、例えば引きこもりとか家庭内暴力とかいうことをいいます。

最も愛する子供さんのこうした一大事にすっかり動転しているのはご両親であり、またはそれに代わる立場の人であると思われますが、この本はそうした方々のために書いたものです。従って、ご本人の子供さんが読んでも何にもなりません。

なぜそうなのかはお読みになればご理解いただけると思いますが、とにかくこの重大事の解決はご両親によってのみ可能なのです。まず誰よりもご両親が詳しくお読みになることをお勧めいたします。

一体どうしてこういうことになったのか、これは何なのか、そしてどうしたらよいのかと、困り果てた末にとにかく子供さんを病院へ連れて行かれるのですが、それでも本当のことは皆目わかりません。ましてやこれから先どうなって行くものなのか、これも全く予想も見当もつきません。

もう二十年もこうした心の異常と真っ正面から取り組み、これまでに『精神病は病気ではない』『精神病が消えて行く』などの著書を書いて参りました私が、その実際の体験を踏まえて新しく書きましたのがこの本です。特に子供さんを意識して書きました。

異変を直接受けている子供さん自身の苦しさはとても厳しいものです。そしてまことに残念ながらこの現象には突然に治ってしまうというような奇跡は絶対に起きないのです。

親御さんの中には世間体のほうを優先してのことか、またはご自分の不安に自身で耐えられないためか、たいしたことではないと思い込むことに努力なさる人もいます。が、そんなことでは済まないし、解決も望めないのは当然のことです。

これは目に見えない世界に関わることであって、医学でも科学でも、とにかく理屈で何とかなるようなものとは全く違うことに気がついていただきたいと思います。

私の過去の著書をはじめ、この本に触れることによってどうか真実を知って下さい。その真実を素直に受け止められるかどうか、そこにこの困難な状況の解決はすべてかかっています。

子供さんのことで目の前が真っ暗になっているご両親にとって、この本は本当の応援ができるものと自負しています。嬉しい結果への道を歩んで行かれるよう私は心から願っております。

二〇〇四年　春

萩原　玄明

心を盗まれた子供たち　目次

目次

三、誰がどうしてうちの子に

四、先祖も自分も間違っている

一、愛する子供の心が盗まれる

これは一体何ごとか

「………？」と、ある日突然、親はわが子の様子がどうも普通ではないことに気づきます。恐ろしい予感や想像に心臓がドキドキと音を立てるように響きます。

「いや、これは何かの拍子だ。ふざけているのかもしれない。もしかしたら知らぬ間に自分たち親が子供に何か心理的に大きな負担をかけてしまっていたのかもしれない。そうとしたらなんという可哀想なことをしてしまったのだろう」

頭をよぎる最悪の病名を振りはらうようにして、自分たち親の子供への接し方にいけないところがあったのだろうかといろいろ反省しながら子供を観察します。

こんな時の子供さんの様子は実に様々で分類のしようがありませんが、口をきかなくなる、部屋にとじこもる、手や体を必要以上に洗う、すぐに怒る、誰かと一人でしゃべっている等々が多いと思います。

こんな場合、親がどう対処したらよいのか見当もつきません。今流行のマニュアルがあるでなし、気軽に他人に相談できることでもなし、相談できたところですぐに解決できる方法があるとも思えません。医者に見せるほどとも思えないし、薬を探し回るほど悪い状態でもなさそうだし、第一こんな時の薬などあろうはずもない。とにかく静かに見守ろうということになります。が、実を言いますとこうした微かな変化に気がつく家庭は極めて少なく、大抵の場合はもっと進んだ形を示されて初めて気がつく家庭が大変に多いのです。

子供のこうした異常の兆候は、大体小学校の高学年から中学生の頃に見られ、そして十代の後半へと徐々にか急激にかその進み方は様々ですが、明らかに異常といえる状態をはっきりと見せるようになって来ます。そうなって初めて親はびっくり仰天、あわてふためいて嘆き悲しみ、どうしたらよいのかわからずそれこそパニック状態になります。

引きこもりは夜と昼とが逆転して朝は起きられません。学校や職場に行っても友達と喧嘩するかトイレにかくれているかで、何故そんなことをするのかと問い詰めても「わからない」という返事がやっと返って来るだけです。

そのうち奇言奇行がどんどん増えてきます。太陽が二つに割れたとか火の鳥が飛んでいたとか、防犯カメラが家中にあって自分を監視しているとか、チャイムが鳴りっ放しだと言って怒ったり、ちょっとした事ですぐにキレて暴れ出したりします。

また、親に向かって「お前はどうしてこの家にいるんだ」と見知らぬ人のように扱って問い詰めることもあります。

物を投げて怒鳴ったりする時の顔は、親が見てとても自分の子供とは思えない恐ろしい表情になります。そして、今まで一度も口にしたことがないような乱暴で下劣な言葉を吐きますし、母親が仰天するようなエッチなことも露骨に言います。

また、宇宙とか異次元とかいうSFの世界に強く関心を持ち、自分は今別の星の宇宙人と交信しているのだと言ってみたり、超能力とか新興宗教などにも異常に興味を示して、そういう所へ自分でどんどん電話したりします。

これはどうも自分の耳元とか頭の中で誰かが何かを言い続けているので、

その正体が何なのか自分なりに説明をつけようと努力しているためのことと思われます。とにかく本人にしてみれば、自分とは違う不思議な強い力によって自分が振り回されていると感じているのに、そうした苦しい自分の状況を親たちはただ非難と恐怖の目で見るか、または自分を詰《なじ》ったり叱ったりするので、それで腹を立てている場合が多いようです。

今、いくつかの症状といえるものを順不同で並べてみましたが、細部では同じでなくても大体似通ったこうした奇言奇行の連発です。

親や家族が最も困るのはやはりなんといっても暴力で、子供も年齢と共に体力が増して来ますので、子供と反対に次第に年をとって行く親の手にはとても負えるものではありません。こんな時、家庭内暴力などといって子供の困った性格のようなことで周辺へは伝わりますが、ただ世間体を気にしてそんな表現になっているだけで、ほとんどが今ここで述べられている『心を盗まれた』結果の現象と言ってもいいでしょう。

さて、こうなると親はもう絶望のどん底に突き落とされます。気が動転して何をどう対処して良いのかわからなくなります。

「これがあの愛するわが子なのか。あんなに可愛かったあの子は一体どこに消えてしまったのだ。この子にはもう幸せな未来を親として与えられないのだろうか。愛するわが子をこんな姿から救い出してやる手立ては無いのか。一家の幸福を夢見て営々と努力して来たのに、また、何一つ悪いこともしていないというのに、どうしてこんな過酷な目に遭わなければならないのか。躾だって教育だってそんなに間違ったことをしたとは思えない。なのに今になってどうしてこんな子になってしまったのだ。一体何が原因なのだ！」

いくら考えたところで手掛かり一つ掴めません。絶望と困惑で家の中は暗黒になりますが、それでも世間体を考えて近所にも親戚にも極力内密にして、早く治るにはどうしたらよいか懸命に模索します。声をひそめ、子供の怒声を近所に隠しながら我慢我慢の毎日を続けることになるのです。

何故可愛いわが子がこんなことに

ところでこれも不思議なことなのですが、心を盗まれる子供は何故かその家にとって一番大事な、そして一番愛されている子が多いということです。勿論、子供の大事さ可愛さに区別があろうはずもありませんが、あとから生まれた子よりも長男・長女がこういう風になる確率がどうも若干高いように思われます。家というものの考えが昔とは違って来ている現代ですが、跡取りだからと祖父母などの愛を一心に集めているとでもいいましょうか、そんな意味合いでいう大事な子供ということです。特に男児・女児の区別はありませんが、一人っ子なら尚更です。

が、こうしたことも、いろいろ並べた悲しい症状にしても、この本で後ほど詳しくお話することになりますが、実は不思議でも何でもないことであって、当然というか必然というか、すべて見事なまでの『理由』というものがあるのです。ここで敢えて『因縁』という言葉を使っておいたほうがいいと思いますが、つまり、そうした『原因』というものが明らかにあるのだということをここで申し上げておきましょう。

さて、症状はもっとエスカレートして行きます。

死ぬとか、殺すとか、怖い目つきでそんな穏やかでないことを言い始めるのです。

また、「死んでやる！」と刃物を掴んだりしますが、これは家族が気がつけば、いろいろな危険は伴うでしょうが何とか制止することもできます。しかし、黙ったままビルの屋上に昇って行ったとしたら最悪の結果もあり得ます。

更に、うちうちの危険ならばまだしも、他人を傷つける可能性も出て来ます。過去にニュースになった通り魔事件と呼ばれるものはほとんどが精神異常者の被害妄想が原因の凶行だったと思われるように、現実にそういった恐ろしい事件に発展してしまうことがあるのです。

もしそんなことになったら被害者がお気の毒なことはいうまでもありませんが、加害者もその家族も、それこそ本当の長い地獄の始まりとなります。

ですから、死ぬとか殺すとかいって刃物を持ち始めたら、もう隣近所も体裁もあったものではありません。さすがにどの家族もこんな状態になって初めて子供を自分の手からしかるべき所に委ねようと覚悟を固めることになるのです。

そこで一番に登場するのが、病院と医者ということになります。が、そのことで子供本人も親も、また新しい苦労の始まりとなってしまうことに殆どの家庭は気がつきません。病院と医者によって今当面している問題が解決に向かえばいいのですが、困ったことにそこでは症状が根本的に治らないばかりか、事態がまた別の形を変えた新しい苦難へと進行してしまうのです。

それにしても、どこの親も真っ先に病院へ連れて行こうとするのは何故なのでしょう。

本人に直接そのことを告げると、

「狂ってなんかいない！　どうして病院へ行かなくてはいけないんだ！」

と、反発してまた一段と大騒ぎになります。ですから嘘をついて騙してみたり、力づくで強引に強制的に拘束して連れて行ったりします。それだけでも大変な苦労ですが、それほど親が病院に期待したのは、自分たちの子供のこの異常な状態は、子供の体の中の脳や神経とかいった器官のどこかに故障が生じたに違いないと、そう直線的に思い込んだからに他なりません。

実はこれが私たち人間の無知というものであり、錯覚でもあり、また思い上がりとでもいうものなのでしょう。とにかくおかしければ医者、治してくれるのは病院と、それこそ短絡的に考えて疑い一つ持ちません。そう考えるのが常識と頑固に信じていて、それ以外について考えることを全く知りません。

その証拠に、今ここまで読まれて「他に何があるというんだ」と思われた方が大部分と思います。人間は何でも知っていて、何一つ間違うことなく生きている偉い存在なのかどうか。今、この本に会われたご縁で、人間なんて大事なことに気がつかないまま「人生これでいいのだ」と平気で生きている愚かな存在であることを、たとえ一人でも二人でも衝撃的に気づいて下されぱと、それがこの本を書いている私の心からの願いなのです。

病院で本当に治るのか

それはさておき病院のことです。

病院では他のいろいろな病気と同様に、症状によって病名がつけられます。

「先生はうちの子に何という診断を下すのだろう」

親はこのことに想像以上の関心を見せます。

何とか神経症とか、何とか恐怖症とか軽度の病状を想像させる名前の診断であってほしいと胸の内で願っています。もし、そうでないのなら、何かもっと別の今までに素人が聞いたこともないような難しい病名であってほしい。それならそうした難病であると世間にも説明すれば済むし、医学もまた一生懸命研究していろいろ手当てをしてくれるかもしれない。親はそんな風に考えるものです。

が、大抵の場合、一番告げて欲しくない病名をはっきり告げられてしまいます。

「お宅のお子さんは精神分裂症（病）です」と。

この病名は、世の中の知識やイメージでは非常に重い精神病であり、格子のある部屋に入れられて廃人のような日々を送り、結局は治ることがないという極めて絶望的な病名になっています。ですからそう宣告された時の親の気持ちはそれこそ筆舌に尽し難いものです。その場に立っていることもできなかったとよく聞きます。

医学上の病名というものは、その症状によってわかりやすい名前がつけられています。胃が炎症を起こしていれば胃炎、神経が痛みの原因ならば神経痛というようにです。

では、精神分裂症の分裂とは何でしょう。これも随分わかりやすい命名です。人間の精神、つまり心というものは一人には一人分のものが具わっているものなのに、それが幾人もの心に分裂してしまって本人以外の複数の心の作用を示すので、一人分がいくつにも分裂しているとしてこのように命名されているのだと思われます。

親は口を揃えてこう言います。

「確かにあれは本人とは違います。暴れている時の目はあの子の目じゃありません。親ですからよくわかります」

「いいかお前たち良く聞けと、よく私たち夫婦を座らせて何だかよくわからない説教をするんですが、そんな時など、声があの子のものとは絶対に違うと思うんです」

「あんなことをする性格の子じゃなかったのに、どうして……」

まさに心が盗まれてしまって他人になっています。それも一人や二人ではありません。入れ代わり立ち代わりに、年寄りになったり赤ん坊になったり、更に男女も入れ代わります。

診察した医師の目はその意味では確かで、一人の人間なのにとても一人とは思えない性格を見せるのですから、精神が分裂したと言う表現はまことにもっともということができます。

その分裂が何故起きるのか、どういうメカニズムなのか、現象発生時の身体の変化はデータ化できているのでしょうが、しかし、その現象の原因がどこにあるのかまで医学は本当に明確に把握しているのでしょうか。医学は科学であるといいます。その科学だからこそ本当のことがいまだにわからず、完治させることができずにいるのだと私は思っています。

精神を冒されること、つまり心を盗まれるということは、今現在科学・医学と呼ばれているものとは全く次元の異なる世界での現象だからなのです。

だからこそついつい怪しげな人たちの怪しげな説明や治療がはびこることになります。そのために、逆に医学・科学だけがやはり正しくて、それ以外は全部が怪しいように切り捨てられてしまっています。人魂なんて存在はしない、あれは放電だという類いのやりとりと同じです。

またそのほうが世間に通りやすいので、世間体を気にする人たちは安易に医学・科学のみを信奉するという態度をとりがちです。

私は怪しい人たちの怪しい治療のほうが病院や医学よりも正しいとは決して言っておりません。ただ、精神を冒されることに対しては医学・科学の分野で立ち向かっても本当は何の意味もなく、そうした分野とは根本的に違うところにこの異常な症状の真実があるのだということをここで申し上げたいのです。

私は確かに寺の住職でありお経も読みますが、だからといって短絡的に仏様を一心に拝めば治るなどというような愚かなことを皆さんに勧めたりはいたしません。もっともっと奥深く大切なものを皆さんが学ぶことで初めて解決の道が見えて来るという本当のことをお話したいのです。

はてしなく続く苦難の道を

今も言いましたように私は僧侶であって科学者ではありませんので、こうした真実を学問などで勉強したわけではありません。私の寺へ強度の精神病者が突然飛び込んで来た或る日のことが大きな転機となって、それからかれこれもう二十年もの間、精神病と真っ正面に取り組み、ありとあらゆる試行錯誤の末に全くの直接の体験・経験で掴み取ったことなのです。現実に今、毎日毎夜、全国からのご相談をいただいて、数え切れない事例と向き合い、一つ一つ確実に結果を出しています。そしてそれを私の天から与えられた使命と思って感謝の気持ち一杯で励んでいます。そうした無数の実体験によって私が学んだことを少しでも皆さんのお役に立てることができたらと、こうして今またこんな本を書き進めているところです。

少々脱線しましたが、親たちが子供の異常に驚き悲しんで、わが子のその姿をじっと見つめながら思うことはただ一つ、わが子の頭の中、つまり、脳神経のどこかの故障ということです。これしか考えられません。熱を出すとか、おなかが痛いとかいうのと同じように、体のどこかが悪くなっている、ならば治してもらうには医者だ、そして、様子からしてこれは精神科だと、トントンと直線的に考えて精神科の病院へ飛んで行くわけです。

病院のほうも「ああ、この症状ならあれだ」と、早速『分裂』という命名をしてマニュアル通りに治療を開始します。原因は、環境下での過度の精神的負担とか、教育上の欠陥または遺伝による性格の歪みとかそういう抽象的なところから更に脳の内部の働きへと、難しい学問ではそれなりに研究されているようですが、残念ながらはっきりいってまだ明快な説明を私は聞いたことがありません。が、一方で症状を軽くする研究はかなり進んでいるようです。そしてその治療というのは何といっても薬が中心になっています。

その薬とはなんのための薬か。要するに異常と思われる激しい症状を抑えこんでしまう薬です。つまり、訳の分からないことを叫ぶのを抑えるのには口が簡単にうごかなければいいし、暴れるなら手足が活発に動かないようにすればいいわけです。そうした結果はどうなりますか。精神病院を覗いたことのある人ならよくおわかりと思います。入院患者は皆さんがグッタリしています。つまりは、大変おとなしくなっています。

それでも手に負えない場合は、電気ショックというような人権的にも問題がありそうな衝撃を体に与えて何らかの変化を期待する治療もあります。

専門外の者が余り批判的なことばかり並べるのもよろしくないと思いますので、肝心のことだけに絞りましょう。要するに医学ではこの心を盗まれた状態、つまり精神病を『肉体』の病気と思って様々な研究をしたり、治療をしたりしているということです。

精神病は肉体の病気ではありません。まったく別のことです。

私の著書に、もうだいぶ以前に書いてお陰様で第七刷まで重ねてロングセラーになっているものがあります。もうお読みになった方も多いかと思いますが、その本の題名は『精神病は病気ではない』というものです。

この題名の通りなのです。肉体の『病気』と考えていたのでは､何をしたって解決には向かいません。

ではその正体は一体何で、どうしたらよいのかということですが、とても難しいことをしっかり理解していただかなければなりません。

難しいことと申し上げるとそれだけでもう尻込みをする人があります。また反対にこの本を読んで「ああ、そうか。よし、わかった」と、いわれた通りのことをすればそれですっかり解決して治ってしまうとても便利な都合のいい本と思っておいでの方もあります。

そうした方々も勿論のこと、誰でも彼でもお救いしたいと私も過去にはそう考えて力んだこともありますが、今はそんな綺麗ごとは一切申しません。本当に苦しんでおいでの人だけしか本当に耳をかしては下さらないのですから、そういう方々だけでも真実を学んでいただければそれでいいと思っています。

苦難と悲しみが次々と

子供を病院に入れてしまうと、家の中は急に静かになります。いつ暴れ出すかわからない恐ろしい存在がとにかく消えたのですから、正直いってホッとします。恐れおののいていた弟妹たちも一息入れたようにみえますが、その子たちもこの不幸が何時まで続くのだろうといつもより無口になっているのを見ると、親として哀れでなりません。

が、確かにホッとはできます。ところが悲しいことにこの状態は少しも良いことではなく、むしろ悪いことなのです。

妙なことを言うようです。しかし、このことは問題の本質に触れることであり、後に詳しくお話することでようやくご理解いただけると思いますが、そもそもこんなことがこの家に発生したのは、親が苦しむためにつらいことを『見せられる』、つまり体験させられるためだったということです。さんざん苦しんだ末でなければ気がつかない極めて大事なことがあるのです。ところが子供を病院に入れてしまうと、それでもう嫌な苦しいことはひとまず目の前から無くなり、そのために気づかなければならない大事なことが宙に浮いてしまうことになります。

ということは、問題の真の解決がそれだけ先送りになってしまうわけです。いかがですか。こうしたことを私は難しいことと申し上げているのです。

今まで生活して来た中での常識では、すんなり理解しにくいこととは思いますが、こうしたことの真実をどうぞこの本で少しでも理解していただきたいと願っています。

それはさておき病院の続きです。

入院すれば病気は良くなるのが普通ですので、一ケ月もたちますとさすがに親です。子供の顔も見たいし、どの程度通常の姿に戻っているかと複雑な思いで病院へ面会に訪ねました。

少し太ったようにも見受けられるし、心なしか快方に向かっているような気もしないではありません。恐る恐る会話を交わしてみても以前と全く同じというわけではないけれども、あの恐ろしい目つきはもう消えていました。が、しかし、どこかグダッとした感じがして、動作もなんとなくだるそうにみえます。あちらこちらに見受けられる格子もなんとなく胸に突き刺さります。こんな所にいつまでも置いていては可哀想だと病院に退院の交渉をしてみると、薬を欠かさずに飲ませれば大丈夫であろうということで許可になりました。

再び家族揃っての生活が始まりました。薬が退院の絶対条件だったのですが、肝心の子供が「嫌だ、嫌だ！　そんなもの飲みたくない」と、激しく薬を嫌がってなかなか飲んでくれません。「でも、これを飲んでいないと、また具合が悪くなるって先生がいってたじゃないの。病院へ戻るのが嫌ならお願いだから飲んで頂戴」と、母親が涙ながらになだめすかしてもガンとして拒みます。

それほど嫌がる薬とは一体どんな物なのだろうと、ある日父親が子供と同量を飲んでみました。「あ、どうしたんだ！」と、言う間もなく父親は体の自由を失って転倒し、しばらくは重体の病人同様の状態になったのでした。ようやく元どおりに回復した父親がポツンと言いました。

「凄い薬だ……あれを毎日飲まされていたら薬で体が参ってしまうぞ。嫌がるのもわかるよ」

そんなことがあって、親としてもうその薬を子供にすすめようとはしなくなったのですが、するとどうでしょう、病院の注意の通り早速入院以前と同じ症状が始まり、この一家にとって地獄の毎日の再開となったのでした。

つまり、症状を抑えることが病院つまり医学の仕事であり、異常な状態は少しも改善されてはいなかったのです。病院や医学が悪いわけではなく、この精神病と呼ばれているものは病院や医学とは別の世界の現象なのですから、こうした結果は当然のことなのです。

さてこうなって何をどうしたらいいのか親はますます混乱します。そして、誰もが辿るのは次に宗教への道です。

が、これも結論を先に申し上げておきましょう。宗教で神や仏にいくら治りますようにと心魂を傾けて祈っても駄目です。宗教で治ることは絶対にありません。

藁をも掴む思いの宗教でも治らない

『困った時の神頼み』という言葉があるように、人間が自分の苦しみをどうか取り除いて下さいといくら神仏に頼んでも、神仏とは本来そんなことのために存在するものではありませんので、神仏は「そうか、そうか、それは

気の毒だ。よし助けてやろう」と、都合良く救いの手を差し延べてはくれません。ですから、

「神も仏もないものか。なんだ、こんなに頼んでいるのに少しも助けてくれないじゃないか。一生懸命拝んで損した」

と、こんな文句を言うほうが間違っているわけです。

人間の非力さを知って心から神仏に祈るという素直な気持ちは、それはそれでとても大切ですが、自分自分となんでも自分を中心に据えた心で、悪いことは追い払って良いことだけ来るようにといくら望んでも、神仏はそんな人間の勝手な願いを聞き届けるためにあるものではありません。ですから決して神仏と通い合うことはできないのです。

ところがなのです。この世には「ここの神仏を念ずれば必ず悪いことは消滅する。この信仰を持てば必ず良い結果がいただける」という宗教がたくさんあります。

よく耳にするようなインチキ宗教は論外ですが、今ここでお話している『心を盗まれた』つまり、精神が冒されたというものは、先ほどの科学・医学と

はそれが別次元のものであるのと同様に、信仰とか宗教とも全く異なる世界のことなのです。従って今ある宗教の形でどんなに一生懸命お願いしても決して治るものではありません。

人間の心を見つめるという点で、宗教や信仰とは或る意味では共通するところもありますが、今常識化されているような認識のままでは、どんな宗教であろうとそこでの努力はすべて徒労に終わるでしょう。

要するに、今宗教の名でおこなわれていることとは全く別の違った道の上に、この問題の本当の真理があるということです。

が、そのことを学んでいなければ、わが子を治したいという藁をも掴む思いで多くの人々が宗教の道へと進んで行きます。神仏に祈ってお願いするだけではなく、自分自身が修行して自分を高めなくては何も得られないと教える所もあります。そうすると、子供を救いたいというひたむきな気持ちから指示された通りに自分を心身共に痛めつけたりもします。大変なことです。が、先ほども申しましたように、そうしたことは全部意味がありませんので子供は少しも良くなって行きません。

そうなると、ここで駄目なら今度はあちらでということになって、いろいろな宗教を数多く巡って歩くことになります。気の毒なことに間違った道ばかりを大変な時間と労力を使って何年も何年も歩き回っているのです。

宗教関係の団体に入るとご存じのように何かとお金がかかります。あちらこちらと宗教を遍歴して歩くと費用も大変です。お金によって少しでも効果がいただけるような気がするので大変でも頑張ります。そんなこんなでもう財産も心細くなってしまった最後の最後になってようやく私とご縁が結ばれる人がよくあります。

先日も宗教団体を十年も歩き回った或る母親が、私の著書を読まれたことがご縁で寺へお見えになりました。そして私の話を聞き、つくづくと述懐なさるようにこうおっしゃいました。

「先生。私は随分と遠回りをしたものです。でも、やっと今本当の所に到着することができました」

その時の心から安堵した表情はとても印象的でした。

実際にこのように遠回りして苦労を重ねた人ほど真の理解が早いので嬉し

い結果も比較的早く手にされます。当然それなりの日数はかかりますが、この母親の場合は十年越しの息子さんの精神病がぐんぐん良くなって遂に就職までできました。

私の話を心の底から理解して信じて、そして素直な気持ちで私の指示に従い、人間としてしなければならないことをきちんとして行けば、間違いなく素晴らしい結果が得られるのです。こんな時が私の最も嬉しい時です。この母親から長年の迷いが終りとなった報告を聞いた時も、私は嬉しくて嬉しくてその人と泣きながら笑い合ったものです。

二、心を盗まれるとはどういうことか

人間の正しい心が失われている

『心を盗まれた話をするには当然『心』についてのお話が必要になります。が、少々難しくなって参ります。難しいといっても学問のような意味での難しさとは違います。皆さんがこれまでに考えたこともないようなことがいろいろ出て来て少々戸惑うこともあろうかということです。ですが、大事なことばかりですのでどうぞあわてずにゆっくりと読み進んで行って下さい。

最近の世相のお話から始めます。

『心を盗まれた子供たちが引き起こしてしまう予想外の凶悪事件は別としても、殺人や虐待、傷害など残虐な事件が毎日のように数多く起きています。そして困ったことにこうした殺伐として荒廃しきった世の中が、これから先もずっと続いて行くように私には思えるのです。

学校や家庭で教育や躾をもっと厳しくしようが、法律で刑罰を重くしてどんどん取り締まろうが、今の人間の生き方では世の中は少しも良い方向に向いて行かないと私はとても絶望的に考えています。といいますのは、衣食住の豊かさだけを求め、損得勘定の理屈だけが何にでも優先して扱われ、人間の『心』というものを何か無力な馬鹿馬鹿しいもののように隅に押しやって、それで平気で暮らしているからです。

心こそが人間の最も大切なものであり、体などとはくらべものにならないほど偉大なものなのですから、そのことに気がつかないままで暮らしていたのでは、人々は本当の幸せを永遠に手にできません。

「ああ、心ね。私もいろいろ考えたりするから私の体の中のどこかに心はあるんだと思いますよ。ええ、心なんてよく知ってますよ、心配したりするあれでしょう？」

大抵の人がそんなことを呑気な顔で言います。が、そんなものは大脳・小脳の働きであって心でも何でもありません。

ところが、目に見えるものだけがこの世のすべてと思って生きている人々にすれば、心のように目に見えないものは相手にしていられないようです。つまり、脳神経の働きで目先に物質として見えるものだけを考えて、それらが自分に都合よく作用し、病気にはならず、お金がどんどん入って、そして長生きできればいいとそれだけを願って毎日暮らしているのです。

常識では考えられないような最近のひどい事件の詳細を見てみますと、犯人がどこかへ心を置き忘れて来てしまったことがほとんどすべての原因になっています。いや、事件までに既に犯人の心は壊れて無くなってしまっていたのかもしれません。世間一般の人たちもまた自分自身が心について無関心な暮らしをしているために、事件の異常さがよくわからないらしく余り驚かないのです。それでいて、もし、わが身に恐ろしいことがふりかかって来たらそれは大変な不幸であると、そういうことには敏感でやたらに恐ろしがるのですからおかしなことです。

結局、実に多くの人が、心なんてものは人間についでにくっついているもの程度にしか考えていないと思わざるをえません。そんな時代なのです。だからこそ私は、いつも寺で説いております『心』のことを、今回のこの本でも前半に特に念入りにお話しようとしています。

この本は題名から見て子供のための本のようですが、それは違います。世の親たちが真剣に読まなければならない親たちのための本です。特にあなたが心を盗まれた子供たちの両親であるならば必読の本です。

ですから本の題名に誘われてこの本を読み出したあなたが、もし、今自分の心が何者かに盗まれてしまったような、そんな不安に苦しんでいる子供さんであったなら、この本をすぐにご両親に読ませて下さい。

あなたは親に気がつかせるために今つらい目に遭っているのですから、その役目を果たすためにもこの本を早く親に渡して下さい。あなたは読まなくて結構です。そして、渡された親御さんがこの本によって本当のことに気づき本当の生き方を始めたなら、あなたはすぐに楽になって来るはずです。

私の寺でも、皆さんにこう申し上げています。

「今苦しい状態にある子供さんがおいでになる必要はありませんよ。ご両親が揃っておいで下さい」

すると、私の著書に全然接していない方は皆さん怪訝な顔でこうおっしゃいます。

「え？　本人はそちらに行かなくてもいいんですか」

寺だから宗教だろうし、それならば祈祷のようなことをするに違いない。

だったらそれを受けるのに本人を連れて行かなければ話になるまい、そう思われるようです。つまり、悪しきものが子供に乗り移っているようだから、それを払ってもらいたいし、それをやってくれる所なのだろうと頭から思い込んでいるわけです。

何百年もお払いみたいなことを信じて続けて来た人間の無知もさることながら、科学科学といいながら、こんなことを常識とし慣習として、疑問一つ持たずによくもまぁ今なお続けているものです。ここに根本の間違いがあります。

この本についても同じことです。私の本を読めば、それで不思議にも一気に問題が解決するなどということは絶対にあり得ません。この本に触発されて親が自分を見つめ直し、そして親自身の手で問題を解決するのです。

「子供たちの心が盗まれることはわかったけど、それなら、その盗みに来るのは一体何者なんだろう。それを早く聞いて早くこの苦しみから脱出したい」

そんな声が聞こえるような気がします。

しかし、まだまだそうは参りません。料理のレシピのように、ああしてこうすれば良くなりますと私が書いて、その通りに皆さんが何かをして、それで解決するような簡単な話ではありません。あなた方の生き方・生きざまを根こそぎ変革しなければ真の解決を見ることができないのです。

それで私は今、この章に入ってもしつこく心の話を続けています。

しかも、こうしたことをあまり論理的に筋をたててお話しますと、読んだり聞いたりしている側が教科書や科学書にでも接している気分になって、ついつい理屈でばかり解釈するようになります。つまり、肉体の一部である頭脳ばかり働かせて読んだり聞いたりしてしまうのです。目には見えない心のお話ですので、どうぞあなたもあなたの『心』で読み進めて下さい。

体があるから心があるのではない

『心』とは一体何なのでしょう。頭脳の働き？　とんでもありません。

人間が考えたり行動したりすることの命令は頭脳がやりますが、その頭脳は心によって働いているのです。つまり心は、肉体の一部である頭脳を、更にもっと上から支配しているものです。そして、頭脳は解剖してこの目で見ることができますが、心というものはどこにどうあるものなのか誰も見たことがありません。

心は、生物の固体それぞれに一つずつあるわけですが、それはそれとしまして、更にそれより上というか奥というか、また背後というべきか、場所や位置さえ説明できない何か厳粛な所に、これまた一人に一つずつ存在して崇高な働きを永遠に続けているものがあります。私はこれを『魂』と呼んでいます。

この『魂』については、どうしてもお話しなければこの本が完結しませんので、後半に詳しくお話することになると思います。

ここでは先ず『心』について、もっと考えて参りましょう。

辞書の説明風にいえば「心とは精神作用のもとになるもの、また、その作用をいい、感覚・知覚とは別の極めて内面的な精神活動」ということになります。

一般的な知識としても、心は体のどこかに心臓や胃腸のような『物』としてあるものではなくて、それでいながら特別な働きをするものと大体理解されています。その不思議な特別なものが体全体を支配しています。

ですから、正しく思う心の作用は、その本来の働きとして正しく肉体を導いてくれますが、心を何者かに盗まれたりして正常な作用をしなくなれば、肉体は予想もできないとんでもない状態に陥ることは明らかです。そのように肉体と心はこの世に存在する形も性質もまったく違った別々のものなのです。

と、何気なく読んでしまえば「そんなこと当たり前だ」とお思いになるでしょうが、本当は「そんなことまで考えたことがなかった」というのが本音ではないでしょうか。

昔からわが国には「健全なる精神は健全なる身体に宿る」という言葉がありました。確かもう半世紀以上も前の戦争の頃に、特に盛んに言われたような気がします。そういえば実にその頃らしい内容の格言だと思います。

「日本人らしい立派なちゃんとした心は、立派なちゃんとした体にだけ具わるものだ。だから、体をしっかり鍛えなければいけない」

そういう意味に使われたように記憶しています。言い方をさかさまにして、「健康な強い体にだけ立派な心が作られる。弱い体ではロクでもない心しか持てない。丈夫な体を作りなさい」

そう言っても同じことでしょう。

要するに心は体に従属しているもので、人間先ず体であって、心は体について来るものだからとにかく体を作りなさいということです。

しかし、私はこれは大変な誤りだと思っています。

私の友人に剣道五段という猛者がいました。剣道の達人で日夜稽古に励んでいるのですから体は鍛えられてそれは見事なものです。ところがどういうわけか精神を冒されてしまい、或る日のこと、私と対話中に急に真顔で新聞紙を丸めてそれを竹刀のように振り始めました。大真面目なのです。言うことも変なので私もようやく彼の気の毒な症状に気づいたのですが、このことなどいい例です。肉体が強健であっても心・精神は病んでしまうわけです。

ですから、この格言は順序をさかさまに変えなければいけません。

「健全な心があってはじめて肉体は健全である」

「ちゃんとした心がなければ体がちゃんとするわけがない」と、そんなところでしょうか。

つまり人間は、心の作用のほうが肉体の上位にあるのであって、下位の肉体が心を支配することなど有り得ないということです。

上位にある心が、もし、その人とは別のものに盗まれて入れ替わったりしたならば、下位の肉体は当然その人本来の肉体の働きを失ってしまいます。だから、その人とは違う別人のような肉体行動をとることになるのは当然です。本人とはとても思えない性格に変わって暴力を振るったり、異性のようなしぐさをしたり、喋る内容も年寄りみたいになったり、赤ん坊のような口振りになったり、まるで別人のように声まで変わったりします。これでは身近にいる親などびっくり仰天するのは当然です。

こうした症状は確かに『精神の分裂』という言葉がぴったりな状態です。病院の医師も診察すれば当然この異常さを知りますが、ところが医学は下位の肉体ばかりを調べます。心が変になったのは肉体のどこかに悪い所があると思い込んでいるように見えます。

「健全なる精神は健全なる身体に宿る」

と、医学はまだそんなことを信じているのでしょうか。

「この変になった心は、体のどこかの異常に原因がある」

そう思っているようで、これでは肉体より上位にある『心』の探究へと医学が進んで行くのはまだまだ遠い未来のことになりそうです。

悪口のついでにもう一つ。癌という困った病気のことです。癌細胞の発生のメカニズムについても研究はいろいろ進んでいるようですが、この癌も目に見える肉体ばかりを見つめて研究していないで、目に見えない心というものにまで研究の視野を広げてみたらどうでしょうか。癌の解明に「何だ、そうだったのか！」というような新しい発見があるかもしれないと私はずっとそんな気がしています。

人間というこの命の肉体は、品物のように人間が作ったものではありません。それを忘れて品物を調べるように人間をどんなに切り刻んでみても、病気の本当の原因は発見できないのではないでしょうか。

人間がなぜ生まれて来るのか、なぜ死ぬのか、その本当のところは人間には全然わかってなどいません。人間の生死はいわば天地と共にあるものであって、科学だ学問だと人間が肉体を品物のようにあれこれつっ突き回しても、結局はわからないことだらけになるのは当たり前というものです。

心というものがそうであるように、目には見えない理屈を超えた大きなものによって人間は生かされているのです。生きることが当然の権利であり、死ぬことは不幸でとんでもない悪いことだと、そんな次元の所で偉そうにしていると本当のことが見えて来るはずがありません。親がびっくりしてしまう子供の異常は、こうした大事なことを私たちに気づかせてくれる貴重な体験というもので、「気づけよ。早く気づけよ」と気を動転させるような厳しい体験を与える教えこそが神仏そのものであると私は思っています。

心を盗んだものは何か

本人の心がどこかに押しやられて本人ではない別の何者かが入れ替わるということは、入って来てしまった何者かもやはり肉体のような物質ではないということです。

ちょっとややこしいので、もう一度読み返してみて下さい。

では、それは一体どんなものなのでしょう。やはり押しやられた心とそっくりのもの、つまり何者かの『心』ということになります。肉体の中に肉体が入り込んで来るのではなく、心に心が割り込んで来るのですから、その割り込んでくる心というのは、もう既に肉体を持っていない一人歩きの心に違いありません。

肉体が既に無いということはその心の持ち主は既に死んでいて、心だけが生きていて単独行動をしているわけです。心とは先ほどもお話しましたように肉体とは別のものですので、肉体が消滅しても平気でこうした一人歩きをするのです。

では、この心を盗んだ隙間に割り込んで来た心は一体誰のものなのでしょう。

今、便宜的に『心』と言っていますが、私はよく『意識体』という言葉でこういう場合の心を指すようにしています。意識という働きをするものというような意味です。

一人の人間の心の中に別の心・意識体が割り込んで入るということは大昔から随分あったようで、その証拠に『憑く』という言葉が使われて来ています。

『憑きもの』『憑きものが落ちる、落ちた』という言葉もそうです。

「誰某に憑きものが憑いてしまってね。彼は魂を奪われたようになって、わけのわからないことをぶつぶつ言いながらどこかへ行ってしまうのだ。困ったものだ」

「急に彼が正気を取り戻したよ。きっと何かの拍子に憑きものが落ちたんだな」

こんな風に『憑く』ということばが使われていたことは確かです。今はこういう現象を『憑依(ひょうい)』と呼んでいますが、心を盗まれたということは、何者かの心・意識体によって憑依されたのだとはっきり言ってよろしいでしょう。

私は便宜的に『入る』とか『入った』とか、そんな言葉を使っています。

病院に連れて来られた人をじっくり観察した医師も、真剣に対策を模索すればするほど自分が勉強した医学の限界を感じてしまい、昔の人と同様に、

「何かが憑いていると思えば、この症状の説明がつくのだが……」

そう素直に思うこともあるのではないかと想像します。そして、薬で症状を抑える治療を続けながらも、

「どうしたらこの憑いている変なものを取り除けるだろう」

きっとそれなりに思いを巡らすはずです。それでも医者は医者ですから医学以外の治療・診療に手を出すわけには参りません。

そこで困ったことに、取り除くのによかろうと使われるのが電気ショックと呼ばれている療法です。医学的には勿論それなりの効果と理由があるのでしょうが、私から見るとあれは昔ながらの『叩き出し』にしか見えません。

『叩き出し』とは、かなりな昔、今でいう精神病になると、それは狸や狐が体の中へ入り込んだものと解釈します。つまり『狐が憑いた』という考えです。そうすると家族縁者が集まって病者の体を箒や棒で叩くのです。

「狐よ。狸よ。悪さをしていると叩き殺すぞ。早くこの人の体から出て行け！」

叩くのは人間の体ですので叩かれる人は大変です。この『叩き出し』で叩かれ過ぎて命を落としたという話も残っています。

昔の迷信はひどいものだとお思いでしょうが、ところが現在でも宗教というよりは少々怪しげな所で今もこれと似たようなことが行われていると聞いたことがあります。そういえばテレビでも、叩きこそしませんが体の中に入っているとされた蛇に向かって、早く出て行けと一心に諭しているシーンを見たことがあります。

が、私の長年の体験では、叩くのは勿論のこと、出て行けと命令しても懇願しても、そんなことで簡単に「はい、わかりました」と承知などしてくれるものではありません。

まず第一に、動物霊などといったものが人間の体に入ることは絶対にないのです。

寺の子として目に見えぬものへの畏れを素直に知っていた私は、やはり蛇や狐を超能力のあるものと見ていましたが、今はもう、あれはそうした動物との関わりを意識の奥にしまいこんだ『人間』の思いの現れに過ぎないと明快に確信しています。動物ではなく全部人間なのです。

脇道にそれて恐縮ですがテレビのことが出ましたついでに触れておきたいと思います。

もうだいぶ以前のことになりますが私もテレビには幾度も出させていただきました。その経験でわかったことなのですが、テレビの番組には企画の目的とするものがあって、それが娯楽であるならば嘘も本当も一緒くたにして、わざとおどろおどろした雰囲気を売り物にしようとします。ですから私のように、かねがね世の人に訴えたいと思っていることをそうした機会に述べようとする者には、そうした場面はまず設けていただけません。

テレビがそうしたものであることもよくわかりますので、それ以来テレビ出演のお誘いがあっても私はお受けしないようにしています。

先ほどの蛇が憑いたというシーンも、ひょっとしたら視聴者の興味を引くことを重点においた企画かもしれませんので、まともに否定的なことを申し述べては的はずれになってしまいそうです。

さて、それはさておき憑依の話に戻ります。

人間に何か憑いたものがあると思うまでは正しいのですが、憑いたものをどうやって追い出すかについては、医学も宗教も全く的外れなことばかり言ったりしたりしています。何も掴めていないのです。さっきから申しているように叩いても祈っても、また電気で肉体にショックを与えても、一旦入った意識体は決して動きません。

簡単に出て行くくらいなら、人の心を盗んでまでその人に入り込んだりはしないといってもいいでしょう。入る（憑く）にはそれだけの理由があり、それしか他に方法がないという切羽詰まった意識の強い思いがあってのことなのです。

私はこうしたことを今はっきりと断定的にお話しています。この通りなのだと自信を持ってお話しています。それは私のほかの著書のいくつかに詳しく書いてありますが、憑依して来る既に肉体のない死者の意識を私は現実のものとしていつもはっきりとこの目で見たり、声を聞いたりしているからなのです。

この本では、そのことの詳細には触れませんので、どうぞ既刊の著書を機会をみてお読みくださいますように。

目には見えないところに真実が

病院の電気療法が『叩き出し』と同じようなものだと悪口を言いましたが、つい先日のことです。一人の娘さんが、母親が入院している精神病院と激しく議論して、ようやく母親を自分の手元に救い出したということがありました。これも先ほどからの電気ショック療法のことです。

私の寺には心を冒された人の家族がたくさん見えますので随分この療法の話を聞かされますが、気持ち良くこの療法を受けている入院患者など一人もいないようです。ショックという名前がついているように、本人にとって大変なショックらしく、全員が懸命に拒否し、それまで静かにしていた人まで暴れ出すこともあるといいます。それにこれで快方に向かったという話は私は一度も聞いていません。私の体験ではこの治療を受けた後には、体の様々な部分にこれまでになかった異常が現れて来ています。

これを娘さんの母親がこれから七回も受けなければならないと耳にして、心配になった娘さんが私に相談されたというわけです。

そこで私は今回も他の人の場合と同じに、先ず病院に家族としてその治療が何故必要なのか、どうしてもしなければならないことなのか質問してみるように勧めました。

すると病院の答えは、これまで薬を投与して来たが、その投薬という方法も限界まで来たのに効果が認められない。そこでもう一段強い効果を期待して電気治療を始めることにしたというものでした。

娘さんから詳しく話を聞いてみると、母親はまるで病院の試験モルモットになっているようで、もはや自分が病院にいることはおろか自分が生きていることさえわからない状態になっているというのです。

そんなことを聞かされれば人一倍胸の中がひっくりかえってしまう私ですが、家族でもない私に病院と交渉する権利もありませんし、どうしたらよいものやら打つ手は何もありません。こうしたことはよくありますが、これほど無念でもどかしく思えることはありません。

精神病を扱ってたくさんの症例を見ているはずの医師たちなのに、まだこんな風に人間の肉体の中に悪魔が潜んでいるみたいな治療法を本気で実施しているのです。私から見たら『叩き出し』と同じことです。

結局、娘さんの強硬な主張に閉口して面倒を避けたのか、素人が何をいうかと立腹して放り出されたのかわかりませんが、この母親は退院となりました。

私はホッとして今娘さんと一緒に、私の寺の独自な供養であるご先祖お一人お一人への話し掛けを続けているところです。

が、すべての病院がどこも同じということではなくて、私とご縁のある医師や、私のこれまでの本を熱心に読まれて大変興味を持たれた医師の方々は、皆さん今の精神医学の限界を既によくご承知のようです。そしてそれなりに新しい視点の研究も始めておられるようです。一般の社会のほうでも、これまでのような科学一辺倒の治療では精神病は治らないものともう結論を出しているように私は思います。目に見えることばかりが真実ではなく、むしろ目に見えないところに人間のはかりしれない働きがあることを学問も謙虚に早く気がついてほしいと心から願うものです。

憑依して来た別の心

心を盗まれた子供たちには立派な成長期にある肉体がありますが、子供たちの心を盗んでその隙間に入り込んだものには肉体が無いということに注目していただきたいと思います。心という形のもの、意識の作用だけのまことに不思議なものです。

心・意識体だけで生きていて、あれだけの凄いパワーで子供の肉体を使っていろいろなことを言わせたりさせたりするのです。自分の肉体を持たずに一人歩きしているのですから確かに死んではいないで生きているものです。肉体が無いのに生きていて、いろいろな作用をするそのものは一体どういうものなのでしょう。

肉体が無いということはこの地上ではもう既に死んでいるということなのだから、あのものも既にこの世のものではないに違いありません。その通りです。

あれは既に死んで肉体はとっくに消えてしまった人間の、心・意識体だけが生きていて活動している姿なのです。

しかも、その意識体は人間のものであって、決して狸や狐や蛇などではないことをもう一度申し上げておきましょう。人間の肉体に憑依できるのは人間の意識だけです。

子供の肉体に入った者が、子供の父親に向かって「お前はどこの者だ?」と尋ねた例を最初にちょっと触れましたが、それを尋ねた人は、私の霊視（ほかの私の著書をご参照下さい）をもとにいろいろ調べて行った結果、なんと母親の祖父とわかりました。

子供さんの父親はこの家の養子さんで、母親がいわゆる家つきの娘だったわけです。この母親の父ならば当然その養子縁組の経緯を知っているわけですが、祖父となると既に死んでいて何も知っていません。それで「お前はどこの者だ?」になったわけです。この例はこれだけの話ではなく、これがそれからのスタートになるのですがここでは省略して、例えばこんな繋がりの人が曾孫の肉体を借りてまで何かを訴えて来るということです。

このように、既にこの世に肉体が無く意識だけの作用で動き回っているのは、誰あろう他ならぬ血縁もしくは血縁に準ずる死者たちなのです。

こんな大事なことをあなたは全く知らずに生きて来て、そして今困ったら困ったとあわてふためいているのです。あなただけではなくあなたの親も祖父母たちもあなたと同様にこうした事実を全く知らずに、いや、考えもせずに生きたのです。

なぜこんな厳しいことを申し上げるかというと、この本で説くことの根本がここにあるからなのです。

既刊の私の著書に『死者は生きている』というもう随分長く皆さんに読んでいただいている本がありますが、私は長い間一貫してこのテーマをお話し続けています。

死者は生きているのです。肉体は確かに死んで無くなってしまっていますが、意識体・心は確実に生きています。死んでしまったら何も彼もが消えてしまうと考えて来たことが大きな間違いなのです。

ところで、血の繋がった血縁で、既にこの世にいない人といえば言うまでもなく先ずご先祖です。そして祖父母や両親であったり、伯父伯母、叔父伯母、兄弟姉妹、従兄弟、更には早死もしくは堕胎したわが子も皆そうです。母や妻の先祖は血縁ではないような錯覚が激しく横行していますがとんでもないことです。母や妻の先祖は自分の子や孫の完全な血縁者ではありませんか。

そうであるのに、ご先祖というと父親の父親のそのまた父親と教えられたまま、それでいいのだと何一つ疑問を持たずに今日まで来ていることを不思議と思いませんか。

この間違いが今あなたの家族に大きな歪みを作っているのです。

更に、血縁に準ずると言いましたのは、例えば愛し合った恋人とか、家族同様に暮らした知人とか、親子のような師弟関係もありましょう。こうしたさまざまな人々とのご縁があって人間は一つの人生を生きることができるのです。そして、肉体が死によって消滅しても意識の中にすべて消えずにおさめられています。いいことも悪いこともすべてですが、特に悪い思いはなかなか消えません。心・意識体とは、そうしていつまでも生き続けています。まさに『死者は生きている』のです。

せっかく子供の異常によってこの大切な事実を知ることになったのですから、素直に現状を受け止めて、自分が、人間が、何を忘れて生きて来たか、どんな間違った生き方をして来たかを学んで下さい。

自分には何の力も無く、理屈を言ってどうなるでもなし、自分は少しも偉くなんかないのだと、いやでも知ることになった今がいい機会です。その機会を縁ある死者たちが懸命の思いで作ってくれたのです。子供の心が盗まれなくて、あなたはちゃんとこれに気がついたでしょうか。縁ある死者たちは本当に凄いことをしてくれるものです。

三、誰がどうしてうちの子に

死んだのに生きている

「憑依なんていう信じられないようなことが、どこかよその家ならいざしらず、私の家のしかもわが子の身に起きるなんて……」

どこかよその家ならいざしらずという言葉も忘れずにここに書きましたが、私の寺へ初めてみえた或る母親が私の前で本当にそう言いながらポロポロと涙を流しました。正直な言葉だと思います。

自分たちの家庭は平穏無事でなければならない、そしてそれが当然のことなのだと長い間ずっと思って来たのだと思います。悪いことの一つもせず、夫婦でそれなりに一生懸命やって来たつもりなのに、一体どうしてこんな不幸が自分たちに襲って来たのだろうと、確かに無念で悔しくてたまらないのでしょう。

ところがまことにお気の毒なのですが、こうした気持ちのままでは絶対に解決への道が開けないのです。というのは、子供の心に入って来た人たちのほうがこの母親たちよりもっとつらくて悲しくて悔しくて苦しいからです。

ポロポロ泣きたい思いは彼等のほうがずっと強くて、この世の人たちが今の暮らし方を続けていたのでは、いつまでたっても自分たちに気がついてくれない、早く自分たちをこの苦しみから救ってほしいとすがって来ているのです。

ですから、こちらが嘆いていたり助けてくれと泣いていたりしているだけでは、いつまでたっても埒があかないということです。しかしそうは言っても、親にしてみれば、今ひどい目に遭っているという思いで一杯ですし、子供にあんな酷いことをする人たちをこちら側から反対に思いやって上げるなどという気持ちにはそう簡単になれるものではありません。でも、こちら側はそうしなければならないのです。

可哀想なことに彼等はあんな形で訴えて来る以外に方法が全然ありません。というのは、何一つ「これでよい、終わった」と完結することのない未解決だらけの真っ暗闇の中で、もう何年何十年も悩み悶え続けているのですから、この世への自分の表現にしたって綺麗に包装したような優しい形など取れなくなっていても当然だと思います。

ですから、こちら側が、

「よく私たちを頼って来て下さいました。そして、私たちが今まで考えたこともなかった大事なことをよく教えてくれました」

と、感謝で一杯になるような境地にまでならなければ、本当は彼らとの真の交流にはなって行かないのです。

自分にはそんな境地にまで到達できるわけがないと、今はどなたもそう思われるでしょうが、しかし、こうした死者たちと心通わす本当のつき合いは、私の寺でのいろいろな体験を重ねているうちにいつのまにか不思議に無理なくできるようになります。

そして、そのようにいつのまにか自分が変革されれば、大変不幸で過酷な今の出来事も嬉しい終点へと間違いなく繋がって行きます。そしてその道筋がいよいよ終りの時に近づいたことは必ずはっきりと実感されます。その時はどなたももう悔し涙ではないもっと別の暖かいもので胸が一杯になります。

ですがそれは、自分が自分でもびっくりするほど素直になって、物質万能の自己中心的な気持ちが自分でも恥ずかしく思えるようになったかどうか、そこにすべてがかかっています。決して楽で簡単で呑気な道程《みちのり》ではありません。

それにしても、憑依して来た人たちは今そんなにつらくて悲しくて苦しい状態にあるのでしょうか。また、どうしてそんなことになっているのでしょうか。

私は毎晩、一夜に一軒と絞ってそのご家庭に関わる死者たちを見せていただくことに決めていますが、就寝して朝までの間に彼等は私の意識の中に実にいろいろな表現で姿を見せて来ます。

心地好く見ることはまずありません。私に見せて来る側はこの夜だけのチャンスだからと必死なのでしょうが、表現がとても不自由らしく、この世のように明快な説明はまずありません。見せられる側の私の能力も力不足なのでしょうが、とても謎めいたシーンが多く、内容ははっきりしているのですが解釈はなかなか難しいのです。

朝になって、とても怖かったような、気持ちが悪かったような、そんな疲れた感じが残ることもよくあります。

一年は三百六十五日ですから一年に三百六十五の家に関わる方々のさまざまな訴えを受けるということになりますが、一軒のお宅でも一晩に全部の方々というわけではなく、まるで順番があるかのように最も強くこの機会を待っていたらしい人が先ず最初に姿をお見せになります。その他の方々はまた別の日にということです。

姿を見せるというよりは正確には、その人がこの私になってその場その場での意識を私の実体験として味合わせてくれると言ったほうがいいのでしょうか。

働いている仕事場を見せて、「私はこういう仕事をしていた人間だよ」とか、周辺の人物をいろいろ出して、「こういう人たちとこんな話をしていた私だよ」と、職業や人間関係を特定しやすくしてくれることもよくあります。時々は、もっとわかりやすくしようとするのか地名・人名を断片的に示してくれる時もあります。

が、今、子供の心を盗んでいるほどの切羽詰まった思いがあるためか、大体が重苦しい雰囲気のものばかりです。

一つ一つの例はとても挙げられませんがこんなのもありました。

どんな思いでいるのだろう

私の回りで楽しそうに遊んでいた小さな子供が急に地面の小さな穴に潜り込みます。

「おい、何をするんだ！」

子供は目茶苦茶なことをするものだと、私は穴を覗こうとあらためてよく見ますと考えられないほどの小さな入り口です。

「まさか、こんなに小さいとは。これでは出て来られないじゃないか」

ものすごく心配になりました。入り口から大声で呼んでは耳をすますのですが返事はありません。縦に垂直の穴へ手を突っ込んでも引っ張り出せるものは汚いぼろ布や泥ばかりです。私はもう額に脂汗が一杯です。

「大変だ、あの子はどうした。あの子は今どうしている！」

私はもう半狂乱です。

これは或る日或る時の私の霊視の一部ですが、これを一つのヒントとして或る家に伝わる話とか、ご先祖のいろいろなエピソードなどから、ようやく今のご主人の祖父という比較的近い方が、この霊視の時の『私』ではないかとわかりました。

この祖父のAさんというのは、或る地方の資産家の三男に生まれた人で、東京の大学に学んでいる時に恋人が出来て、二人の間に男の子が生まれました。昔のことですから身分違いみたいなこともあり、とても親の許しは貰えませんので、郷里には内緒のまま東京でささやかなそれでも幸せな暮らしを続けていました。

そのうち郷里で、大阪の大きな会社の社長の家に後継者がいないのでAさんを養子にという話が持ち上がり、たちまちそのように取り決められてしまいました。結局Aさんは、恋人と子供とはドラマのような悲劇的な別れをして大会社の跡継ぎとなりましたが、彼女と息子のことが一時も忘れられません。新しい妻や親の目を盗んでは僅かな金を用意して東京へ行き、せつない思いの短い時間を過ごしたりしていましたが、そのうちに新妻にも子供が出来、仕事も忙しくなりだんだんに足が遠のきます。

やがてひょんなことからこうした東京の秘密が発覚してしまい、会社の番頭さんの手で東京の母子はAさんと完全に引き裂かれてしまいました。

そのうちに戦争の混乱です。やがて恋人の死亡を風の頼りで知ってAさんは独りで泣きましたが、さて子供のことが心配でなりません。八方手を尽くして探すのですが、いつもどこかへ移った後ばかりです。しかも、貧しくて世間的にはいつも逆境にあり、体もだいぶ弱っているような話ばかりがそこに残されているのです。Aさんはあきらめることなく夢中で子供のあとを追いますが消息は細くなって行くばかりでした。

Aさんは随分長生きをしましたが、死ぬまで内緒のままこの子供探しを続けたことが、後になって番頭さんによって子孫にも知らされました。この子供はAさんより先に既に亡くなっていたようですが、Aさんの切ない思いの子供探しは長い一生かかりました。つまりAさんはその苦しみを続けるために長生きをしなければならなかったのです。つらい長生きをさせられたと言ってもいいでしょう。

そればかりか、死んでもなお子供を探しているのです。結論の出ないつらい思いのまま今もなお、

「可哀想な私の子よ。哀れなお前は一体どこへ行ったのだ」

そう言って探しながら真っ暗闇の中をウロウロさまよい続けているのです。

死んでも死んでいないままに

もう一つの例をお話しましょう。

暑い日なのに寒い寒いという子がいました。そよ風が気持ち良いのに風が当たると震えるのです。それが一日や二日のことではなくもう半年も続いています。学校で遊んでいる時にもそんなことばかり言って仲間から離れるので、いつのまにか変な子と疎外され次第にいじめられるようになりました。やがて「学校へは行きたくない」と登校を渋るようにもなりました。寒がる

のは風邪の症状かとも思われるので親が医者へ何度も連れて行きましたが、熱も無く原因がさっぱりわかりません。医者もこう言います。

「これは一種のストレスから来る神経症かもしれないので、専門病院でしっかり見てもらったら」

が、子供はそれを嫌がってだんだん引きこもりがちになって行きました。

頁数の関係で簡単にお話しますと、この子の母親の実家の伯父と叔父が、若い時から大変に兄弟仲が悪く、弟のほうのBさんは或る日ぷいと家出をしてしまいました。兄は几帳面な人でしたが、弟のBさんは反対にズボラなタイプだったのでそれで何かというと喧嘩になっていたようですが、Bさんはもともと放浪癖があり、よくとんでもない所までぷいと行ってしまうことがありました。

今度の家出もそんなことだろうと思っていたところが、出かけたきりのまゝとうとう三年もたってしまいました。時々送金の依頼があるので、大体の居場所の見当はつきましたし、もう親類一同Bさんのことは諦めて、やがては話題にもしなくなりました。

そのBさんが辺鄙な地方の峠道で傘も雨具も無く雨に降られていました。こんなことには慣れたもので、崖下に窪みをみつけ今夜はここに野宿しようとそこに横になったのですが、少し眠ったところで妙に寒くて目が覚めました。できるだけ乾いた所へ身を寄せるのですが今度は冷たい風がとても気になります。

「いやだな。冷たい風がこんな季節にどうして吹くんだ。この風だけでも止まってくれると助かるんだがなぁ。ああ寒い、寒い」

Bさんはここで亡くなりました。

所持品でBさんとわかり家に連絡があり、変死なので解剖され、死因は肺炎らしいということでした。

Bさんは「寒い寒い。困ったな」と思って眠っているうちに、そのままいつのまにか肺炎で意識を失いそのまま静かに死んでしまったようです。

ところが、そうやって死んでしまったことに自分でまだ気がついていないようです。そしてまだ、冷たい風に閉口し寒くて困ったと思い続けているのです。もう何年も繰り返し繰り返しその思いの中で意識が生き続けているのです。自分の姪の子供の中に入って来てまで、まだ寒がって困っています。戦死者の中にもこれとそっくりのことがよくあります。急な爆発か弾丸によって一瞬のうちに戦死したのだと思います。一瞬のうちの落命だったために、「敵が来るぞ！」というような緊張感の中でまだ意識は戦い続けているのです。また、弾丸による失血で次第にわからなくなって行き遂に落命した場合はさっきのBさんと同じようなことになります。

いずれにしても、戦場でこんな風にして亡くなられた方々の意識に出会いますと、私はこうした兵士たちがお気の毒で哀れで胸がじんじん痛んで来ます。

こうした迷いの中にいる人たちは、誰も他人を憎んだり恨んだりしていないのも大きな特徴だと思います。

余談になりますがかれこれもう十年以上になりましょうか、私は幾度も広島の陸軍墓地に通って日清・日露戦役以来の膨大な数にのぼる戦死者をお一人お一人のお名前を呼んで行う私独特の方法で供養をしたことがあります。その後改めて一念発起いたしまして、今は満洲（今の中国東北部）に於ける戦争犠牲者をはじめ南方戦線各地での戦死者を、毎晩数十人ずつ氏名が調査できた順にこれも一人一人のお名前を呼んで供養を続けております。

こうした戦争による死没者の方々には、祖国を離れた所にいつまでもその意識をとどめることなく今からでも皆さんが一人残らず安らかな魂の世界にお還りいただけるよう、私はお一人たりとも忘れ去ることなく供養をしてさし上げたかったからのことです。

それは今こうして生きている者の大切な務めでもあります。数年前に私は大病をしましたのでその後は少々体がきつい時もありますが、特に私のようなことをしている者にとってこの務めを自分に課すのは当然のことと思って真剣に続けているところです。

さて本題に戻りまして、死者の意識の特徴についてです。

もう一つの大きな特徴として挙げられるのは、死者は何故か不思議なことに、自分の得意な時のことを誇らしげに自慢することがないということです。

溺れる人を救助して表彰されたとか、選挙に当選して親孝行ができたとか、そういう立派なことは誰も言わないのです。忘れてしまうのでしょうか。それともそんなことは無価値なことになってしまうのでしょうか。

そしてその正反対に、生前人には言えず自分の心のうちにグッと閉じ込めていたようなつらいこと・恥ずかしいことが、死んだ途端にどっと押し寄せて来るようです。

Aさんだって会社の仕事で国から勲章をいただいているのに、そうした誇らしいことは全部ふっ飛んで、可哀想な子供を探すことだけでさ迷っています。Bさんも喧嘩していた兄について死んでから一言も恨み言など言っていません。

どうも死んだ後の人間の意識というものは、単に追憶とか思い出とかいうような生前の暮らし全部ではなくて、何故あんなことをしたんだろうとか、申し訳ないことをしていたとか、そういう後悔の意識だけが一ぺんに吹き出して来るもののようです。

ですから、殺された人がただ相手を憎んで「うらめしや」という幽霊になるというのは、どうも単純すぎる気がして私にはまだ信じられません。

例えばナイフによる殺人事件の場合もそうでしたが、殺された人が犯人を恨んでいて当然と思うのですが、何故か私にそういう「憎い」という意識をぶつけて来た死者とはまだ出会ったことがありません。

これは私の勝手な解釈なのですが、そのような思いはひょっとしたら死というもので浄化してしまうのではないでしょうか。そして一方の犯人、つまり殺したほうの人ですが、これはものすごい後悔に苦しめられています。グサッとやった時の自分の手の感触が死んでも消えないのです。返り血の不気味さが一段と増して、「大変なことをしてしまった」と、永遠に苦しんでいます。

怪談話でも殺した悪人が幽霊に苦しめられる場面がよくありますが、あれも、本当は幽霊は来ていないのに殺した者が「悪いことをした。相手に可哀想なことをしてしまった」という強い後悔のために自分自身で苦しんでいる場面なのだと解釈できます。すると何だかもう一つ奥がわかった気になりますが、実際そうしたものなのではないでしょうか。

意識だけが生きている

既に死んでいる人には当然肉体はありません。それなのにこうして、意識だけで生きていてまるで肉体がまだあるかのように作用して来ます。意識があるので本人はまだ生きているつもりになっているに違いありません。

本当に肉体がまだ生きているなら歩くことも話すことも電話をかけることも何かを調べることもできますが、肉体が無いのでそれができません。ところが自分が死んでいることにまだ気がついていませんので何故それらのことが自分にできないのかが理解できないという大変困った状態にあります。

例えば、簡単な例で考えてみますとこんなことなのではないでしょうか。

「誰それの家に行ってどうしても話をまとめて来なければならない、そうしなければ大変なことになる」

そんな意識で大変あせっているとします。ところがさて、そうは思ってもそのことを実行する肉体がありませんので一歩も前へ進んで行きません。相手の家へ行くことさえできませんし、相手もどこにいるのかわかりません。電話番号も忘れたみたいで番号の調べ方もわからなくなっています。

「何故だ。どうしてだ」と、首をひねりますが肉体が無いということは悲しいもので、いわゆる頭で考える類いのことは全部駄目です。それでもまだ自分の肉体が無くなっていることに気がついていません。それなのに残ってしまった意識ではどうしても相手に会って話をしなければならないと一生懸命に思っています。

なんという不便で不自由な、イライラしそうな、やがて悲しくなるほどの辛さが襲って来そうな、嫌な嫌な状態ではありませんか。誰かの家を訪ねるというこんな簡単な例を想定しただけでもかなり不愉快な状況です。それがこうした例とは違って実際に死後も生き残ってしまった強い思いの意識となりますと、こんなことで困っている程度の簡単なものではないと容易に想像できるではありませんか。

人間死んだら皆こうなってしまうのでしょうか。そうとしたら、これまで死ぬこと自体が怖いと思っていたのに、本当は死んでから後のほうがずっと怖いということになります。

終りのない道をぐるぐると「なぜ、自分は何もできないんだ」と、首をひねり苦しみながら歩き続けるこんなことが死というものなのでしょうか。

死んでこんな状態に入り込んでしまうことは、昔からいわれている言葉の『浮かばれていない』というのと全く同じことです。つまり『迷っている』ということです。

死んだらちゃんと行くはずの安らかな所へ行けば浮かばれるのに、そこへは行けずに変な所に迷い込んでしまっている状態が、つまり、これも昔からの言葉にある『地獄』なのだと思います。

しかし地獄なら、反対の『極楽』もあるはずです。

極楽は『浮かばれている』という状態をいいます。人間死んだら迷ったりすることなく真っ直ぐにその極楽へ行きたいものです。つまり浮かばれたいものです。

そして、それは生きている時の生き方一つで決して不可能なことではないのです。生きているうちにちゃんとしておかなくてはならない大事なことが何なのか、それをよく理解してそのように生きることです。

が、そのお話に入る前にまだまだ述べておかなくてはならないことが山ほどあります。肝心な所だけ早くと知識を求めるようにお急ぎになっても、やはりこれは道順を辿りませんと結局本当のことがわかりません。結構理解に手間取るお話なのです。

一人や二人ではない

浮かばれずに意識だけでこの世に残ってしまった人たちが、縁ある家のまだ幼い意識・心を盗んでその隙間に入り込んでしまうことが、ここまでではよくおわかりになったと思います。

迷いに迷ったあげく、今肉体があって何でもできる子孫たちに解決の道を求めて、その力を頼って来たということです。

全くの他人の所へは来ません。来ても解決に繋がらないことをよく承知しているようです。縁あるものだからこそ自分をわかってくれて、きっと自分を救ってくれるはずだと、そう思って子孫の所にはこちら側がまだウロウロしている段階からでもどんどんやって来ます。

余談ですが、よく土地や家屋に霊が住みついていて、その土地や家屋に関わる人間に憑依するという話をよく耳にします。ここでいう霊とは浮かばれていない人間の意識体のことをいっているのでしょうが、ここまでお話して参りましたように、特に血縁のない人間に憑くとは思えません。縁もゆかりもない他人が自分の苦しみの解決に何の役にも立たないことを霊はよく知っています。ですからそんな他人に憑いたりはしません。

「憑いているのでお払いをします」

とばかりに何か術みたいなことをしても、いないものに向かって「出て行け」と言っているようなものですので、これは狸や狐や蛇が憑いたというのと同列のことと私は思っています。

それはそれとして、子供の心を借りにやって来る意識体の死者たちは一人や二人ではありません。この家のこの夫婦に頼もうと死者たちの意識が思えば、たくさんのそれが集中的にその家へ来ます。つまり、その材料として使われることになった子供の意識・心を隅に押しやって、そこへ何人もの死者たちの意識が入り込みます。しかも入ったり出たりします。

私の寺での数多い体験で申しますならば、それらの意識体たちは詰め込むように同列に並んでいるわけではなく、思いの強さの順番であったり、家系の系列の順を待っているようでもあったり、関連の人たちがグループのようにまとまっている時もあったりで実にさまざまです。

私が死者たちの意識に語りかけるのはお一人ずつになりますので、先方も「次は私だ」とでもいうように、私の霊視を利用して自己主張される場合も、待っていた思いの強い人から順にその生前の様子を私にお見せになります。

今子供を材料に使っている方々が、そうやって次々に入れかわり立ちかわり待ちくたびれたように現れます。

初めて寺においでになった方は、これだけでびっくりしてとても自分たちで何かできるような数ではないと尻込みをなさいます。が、尻込みする段階はとっくに終わっているのです。死者たちが子供を使うことになったのは最後の最後のやむにやまれぬ手段だったわけで、ここに至るまでにどれほど様々な手段を遠慮がちに使ったことか。

突然の訳のわからぬ病気、死には至らない交通事故、理屈に合わない裁判沙汰、親しかった人との思わぬトラブル、等々みんなそうです。

「よくないことが続いて本当に最近ツイテいないな」

と、人の噂で効き目があると聞いた神社や寺へ行って、

「どうか運がよくなりますように。悪いことが起きませんように」

きっとそう拝んでいるはずです。そんなことを拝むために神仏があるわけでもなく、拝んでどうなるものでもないということは既にお話しました。

子供のところへ死者たちが来たのはよくよくのことであり、もう残された手段はこれしかないという最後の方法だったのですから、思えばなんとも哀れきわまることではありませんか。ここまで来たら死者たちもそう簡単にはやめられません。

子供の心が盗まれるということは、ちょっとした心配事とはわけが違うのです。

親として最大の正念場なのです。それをどうか忘れないで下さい。

そうはいってもいろいろな困難が生じてしまって、子供のために少しでも早くと気はあせるのにとんとんと運ばない時もあるでしょう。しかし、そう

した邪魔が入る事情などは死者たちは先刻よくご承知で、その夫婦でもちゃんとできるように仕向けて結局は望みを確実に果たされます。向こうは時間のない世界ですので、この世でいう早い遅いは無関係で、そんなことよりも心の有る無しのほうがよっぽど重要なことのようです。

また、子供を本当に愛しているならば、問題の解決のために親はどんなことだってやり遂げられると思います。この覚悟無しに理屈だけわかろうとしても何にもなりません。

それにまた、遠い昔のことですとその人が父方のご先祖なのか母方のそのまた母方の人なのかさっぱりわからないこともあります。そんな時でも「知りたい。どうしてもわかって上げたい」と子孫のあなたが思えば、先方も気づいてもらいたいと思っているのですから私の霊視の中でさまざまな形を示して知らせて来ます。そうした意識の働きの確実さはこの世の知識で計れるものではありません。

死者たちとの心の交流

よく皆さんはおっしゃいます。
「死者たちがご先祖様ならその子孫にあたる人だってたくさんいるはずです。それなのにたくさんの子孫の中からどうしてうちの子供たった一人と、その両親である私たちを選んだのでしょう」

確かにそういうことです。だからそれにはそれなりに理由があるに違いありません。それは一体何なのでしょう。

世の中には心というものと全く無縁のまま間違った暮らしぶりを平気で続けている家がたくさんあります。死者たちは、そうした救うことさえもはや不可能な家は頼って行っても無駄骨になるということをよくご存じなのかもしれません。そして今は駄目な生き方をしていても、いずれはきっとわかってくれる家というのをみごとに選別されているようなのです。いや、私はそう考えたいと思っています。

この章の冒頭に書きましたような、「よその家ならいざしらず何でうちに」と悔しがった家でも決して見捨てずに、その誤った暮らしぶりを正しにやって来ます。今現在の姿はともかく心の中にはちゃんと正しいものを秘めて持っているかどうか、そんな程度のことはお見通しの範囲内なのだと思われます。

もう一歩踏み込んで言うならば、何故うちが選ばれたか。それは偶然でも何でもなくすべてご先祖からの『因縁』によって選ばれたものだということです。遠いご先祖からの因縁の繋がりを辿って必然的に到達したのです。

因縁とは、文字通り原因から来る縁のことで、先祖が作った原因によって子孫にそのことの影響が必ず及び、子孫に結果となって繋がります。この因果関係は厳粛なほどの真理であり避けることはできません。

ここでわざわざ神仏という尊いものを持ち出すまでもなく、人間が『魂』というものによってこの世に肉体を得て生まれて来る以上、因縁とはもともと魂が持っていた約束みたいなものです。そして、魂とは人間の生も死も司るいわば人間の根本のものですので、因縁の作用もまた当然のことなのです。

そうであるならば、因縁というものの繋がりは、これはもう肉体の人間が否とか応とか言える世界の話ではありません。

このようにして自分の家にやって来たご縁の死者たちにはお一人ずつ真剣に向き合わなくてはなりません。私はその家の夫婦になり替わり死者に対し迷いから離れるよう一心にお話します。

「あなたは今自分が生きていると思っておいでてでしょうが、あなたは○○年に既に亡くなり、体は荼毘にふされて骨になっています。今ここにいるのは、死んだことに気がつかないまま、まだ生きているつもりでいるあなたの心・意識だけなのです。そのためにあなたは今きっと大変にお苦しみかと思います。このことに早くお気づき下さい。あなたがこのことに気がつかないために、可哀想にあなたの子孫が心を冒された形になってとても苦しんでいます。それはあなたの望むことではないはずです。あなたの魂が本来還らなければならない所へどうぞ速やかにお還り下さいますように」

言葉はいろいろ変わりますが大体こういった趣旨のことを一心に死者に対して話しかけます。私の寺ではこれを『語りかけ』といって大変重要な位置において実施し、こうした座を総称して『供養』といっています。

供養というと一般にはお線香を立ててお坊さんにお経を読んでもらうこと

だけのようになっていますので、そんなものと理解なさる人もありますが全く違うものです。

私の寺の語りかけを中心にしたこの供養は確実に死者の意識に通い、死者はよく納得なさってようやくホッとした安らかな意識に変わり、本来死後にすぐ行くべきであった所、つまり魂が還るべき所へと旅立って行かれます。これが成仏といわれるものです。

その瞬間は寺の者一同全身で感ずることができます。

勿論この供養の場には子孫である方々も列席されています。私どもと同様に迷っていたご先祖の成仏を実感され、その感動で思わず涙を流される人もありますが、この嬉し涙こそ死者への素晴らしい『愛』でなくて何でしょう。この愛がご先祖たちの成仏を助けるのです。またこの愛でこれまでの自分の間違った生き方が心の底からわかります。

自分から数えてかなり遠い繋がりの昔の方に対しては、なかなかこうした思いやりの気持ちを作りにくいものでしょうが、身近な親とか兄弟と同じように思ってさし上げればすぐにもできるはずです。

親や兄弟が浮かばれずに、いまだに「変だ変だ。行き着く先の無いこのつらい苦しい気持ちは何故なんだ」と、無限の迷いに苦しがっていたとしたら、誰だって一日も放っておけるものではありません。可哀想でたまらず、早く何とかしてやらねばと思います。これが供養の本当の気持ちなのです。

これを知ったら憑依なんて少しも怖いものではありません。憑依して来た方々を嫌ったり憎んだりはできないはずです。

「よく自分の子供を使って教えてくれました。今まであなた方のこんなにまで苦しかった心のことに全く気づかず、自分たちの目先の幸せだけしか考えて来なかったことを、今本当に申し訳なかったと心底から謝りたいと思います」

この境地になれれば、それこそ真の『供養の心』というもので、やっと供養されることになった死者の心と、供養してさし上げる側のそれとが完全に交流します。

こうなれば死者たちは、自分の真っ暗な迷いにようやく気がついて、一人ずつ魂の故郷へと還って行きます。すなわち今になってやっと迎えることができた成仏です。

そしてその成仏とは、借りていた子供から脱け出て行くということであり、更にそれは、心を盗まれていた子供の心が次第に元のように戻って行くということでもあります。

しかし、このような嬉しい解決に向かって行くには、自分の生きざまを厳しく振り返る必要があります。「これでいいのだ」と錯覚したまま暮らしてしまっているさまざまな間違いに気づいて、そこから脱け出るということがこうした解決の大きな前提となります。

では、そんな重要な間違いとは一体どんなことなのでしょう。日本人のほとんど全部がと言ってもいいほどにこの間違いには気がついていません。そのために『心を盗まれた子供たち』が増える一方になっていると言っても過言ではありません。

これからそのお話に進んで参りましょう。

四、先祖も自分も間違っている

死について考えたことがあるか

前章までに死者の迷いの意識が子供たちの心を占領するということを詳しくお話しました。そしてこの世に生きている私たちは、既に亡くなっている方々をもっと思い出しながら暮らすようにしたいものだと申しました。そのためには普段から『死』というものをもっと見つめて生きていなければなりません。

「死はなんとなく怖いもので気味悪いし、できることならそんなことは考えずにもっと呑気に陽気に暮らして行きたい」

皆さんがそう思って暗いイメージの死に関わることはなるべく敬遠して暮らしたいのでしょう。それですべてが望み通りにハッピーに転がって行けば大変結構なのですが、人生は決してそんな風に運んで行くものではありませんし、皆さんもまたそれをよくご承知のところです。

今この世に生きている私たちが死のことを嫌がらずに、もっと日常的に考えたり見つめたりしていれば、死者たちとこの世の人間たちとの間がこんなにぎくしゃくすることもないわけです。

この世の人間の生き方は間違っていると私はいつも怒ってはいますが、本当のことを言えば、既に亡くなっているご先祖たちも生前には随分とお粗末な生き方をされていたのです。だからこそ今迷っておいでなのですが、死ぬと途端にそのお粗末さに気づいて猛反省なさって、そして私たちに向かって浮かばれずにこの世をさまようという悪いお手本を見せて下さっているのです。

ご先祖たちは今の私たち同様に、死というものについて何一つ考えず、間違ったことをそのまま鵜呑みにして暮らしていました。そんなご先祖たちであったのですが、私たちは先祖といえばただひたすら敬い尊敬するものと誰もが疑いも無くそう思っています。

確かに先祖あっての自分なのですからそのこと自体は美しいし正しいことではあるのですが、ここで思い切って先祖も私たちと少しも変わらない愚かしい人間であったことを今勇敢に考えてみたいと思うのです。

先祖といっても私たちと同じ人間で、間違ったことばかり平気でやっていたということです。無条件に最敬礼しているだけでは本当に先祖の心がわかりません。先祖だからといって神様や仏様ではないのです。神様仏様と一緒くたにして、ただただ偉い人と奉って考えてはいなかったでしょうか。

先祖は人間であり、死んでも人間のままの死者です。

そして、自分でも望んでなどいなかった迷いの世界に入り込んでしまって可哀想にも困り果てています。誰が放りこんだわけでもありません。自分の責任でそんな所へ入り込んでしまったのです。そうなのです。死者自身の側に迷ってしまったことの理由というか責任みたいなものがあるということです。

こんな、世間のお坊さんの口からは滅多に出て来ないようなことを今私はお話しています。

勿論こんなことを言っても、死者たちが悪いのだとただ責めているのではありません。昔の人は人間の死について失礼ながらあまりにも無知であり、無関心であって、幼い頃から聞かされていた死のこと死後のことを、いい年になってもそのままその通りと思い込んでいたということです。そうしたお粗末な死への知識のまま死んでしまうので、死んだ後の自分との違いにその時になって慌ててしまいます。今の私たちと全然変わっていません。今の私たちもこんなご先祖と同じように死について不勉強なので同じように死後に迷ってしまいます。先祖の悪口だけを言えません。

死者が死後にすんなり成仏できない理由を、私は心の中にしまい込んだ強い後悔の思いにあるといろいろ説明して来ました。

それはその通りなのですが、問題は死んだ後にその自分の死を自分の意識でどう受け止められるかです。

強い後悔がたとえ意識の底にあったとしても、自分の肉体が既に滅び自分はこれから魂の世界へ還るのだということをしっかりわきまえていれば、後悔の意識があろうが無かろうが、いつまでも地上界をうろついたり、子孫を頼ってまだ若い子供に憑いたりなどしなくてもいいはずです。なのにこの現象が多過ぎます。死者はどうしてこうも自分の死を自覚できないのでしょう。

先ほども少し触れましたが、昔は土地のお坊さんや年寄りから聞かされていたことだけが唯一の死についての知識でした。それは言い伝えというものであり、一種の慣習みたいなものでしょう。

死が怖いと思われるものであるために死を忌み嫌うべきものとして作られたいろいろな慣習がそのまま正しいこととして連綿としてわが国に伝わりました。死についてあまり考えたくない人間の心理に乗って、実に長い間、何百年も修正一つ加えられずに親から子へというように伝承されて来ました。修正や変更一つ無いままにです。

それがなんとも幼稚な内容なのです。だから広く受け入れられたのかもしれません。幼稚な中身がそのままずっと誰も疑うことなくこの現在まで続いています。

そうした間違いの中に例えば「死んだらお終《しま》い。何も無い」とか「死んだ人は墓の中にいるのだ」とかいうものがあります。

「え？　そのどこが間違いなの？」なんてどうぞ言わないで下さい。

死んだことがわからない

話を少しもとへ戻しましょう。人間は死後に自分の死がちゃんと自覚できればば成仏できるのですが、今生きている人間はまず殆どの人が自分の死をはっきり自覚できそうにありません。そのため死ねばすぐに意識をこの世に送って来る困った死者になることは確実です。

昔の人も今の私たち同様に、死んだらどうなるのか一度も学ばなかったし考えもしないで暮らしました。そんなことを考えるだけでも愚かしいと、ただただ目先の幸せであるお金稼ぎと立身出世のために汗水流して働きました。

それが美徳ともされていましたので尚更のことです。つまり物質的幸福の追求が正しくて、死のことについて考えたりするのは愚かであり、そういうことは全部お寺の坊さんの仕事とされていました。僧侶もまたそれが仕事と思っていたので、人の死の周辺の作法を独占して金銭を得ることも当然でした。

本来仏教は人間の正しい生き方を教えるものでしたのに、民衆とそうした接触をすることが次第に無くなり、何故か葬式とか法事などだけにお経を読む役目で現れる剃髪の人ということになってしまいました。最近の幼児なら、その姿に他意なく『お経屋さん』と呼ぶのではないでしょうか。

僧侶の悪口もこのへんにして、死者が自分の死をどれほど理解できずにいるかという例をいくつかお話してみましょう。

私は私の目の前に、たった今どなたかが憑依しているという状態の人とよく会話をします。憑依されている人と会話するのではなく、憑依して来ている死者とです。

かなり以前のことになりますが、或る若い女性の体に入ってしまっている年老いた男性の死者と話をしたことがありました。とても印象的で今でも時折思い出しますので余談になりますがちょっと触れてみます。

若い女性は私の前に来てもひどく暴れて大声で叫んでいました。その声も話しぶりもすっかり男性に変わっています。

「あなたはどなたですか？　娘さんのお父さんがちゃんとご供養したいといっていますので、どうかお名前を教えて下さい」

真っ先にそう尋ねてみましたが無言のままで返事をしてくれません。こうしたことのいくつかの体験でもそうなのですが、滅多に名前は名乗ってくれません。ご本人は迷っている自分の姿が恥かしいのではないかと感じましたが、そのことについては私もまだよくわかっていません。

続いて聞いてみました。

「あなたが今いる所はどこなんですか？」

黙ったきりでしたが随分時間がたってからポツリと答えてくれます。

「わからない。真っ暗だ」

「真っ暗というのは何も見えないということですか？」

「そうだ。何も見えない。淋しい所だ。いや、向こうに光みたいなものが見えている」

「でしたら、どうかそこへ行って下さい」

「怖い。行っても大丈夫かな」

「大丈夫です。そこへ行けば今の所から脱け出られると思いますよ」

「む？　お坊さんみたいな人が近くにいる。向こうへ行くみたいだ」

「だったらついて行って下さい」

「大丈夫かな」

「大丈夫です。さあ、行きましょう」

「わかった」

再び静かな時間がしばらく続きました。すると女性の表情がみるみる柔和になって来たかと思うと、私の目の前に失神したように倒れました。寺の者たちに手伝ってもらって介抱しましたが、間もなく我に返りました。寺の者がすぐに私に言いました。

「憑依が抜けたんですね！」

あの会話した男性は遠くに見えた光の場所へ無事に着いたに違いないと私もすぐにそう思いました。こんな形で成仏の瞬間に立ち会えたのは私にとっても数少ない体験の一つでした。

また、夜半にいつものように私は意識の中でこんな情景を見せられました。痩せ衰えた一人の老人が眠っています。その枕元には洗面器が置いてあり布か紙か何やら汚れた物があたりに散乱しています。

その老人である私は便所に行きたいと思っているのですが、足も立たず腰がくだけたようで、しかも自分の体の半分が無いように思えるのです。自分はそれでも生きているのかと情けない気持ちです。どうやって便所まで来たのかわかりませんが何時の間にかそこへ着いていています。ところが便器の中は汚物が一杯で使えません。

困った私は「そうだ、枕元にあった洗面器で用を足そう」と思ったのですが、その洗面器の中を見てみるとなんだか真っ黒な色のものがなみなみと入っています。

私が途方にくれたところで突然に私自身に戻りました。

「また嫌なものを見せられたな」と思いました。

自分がしたいと思うことをなかなかさせてもらえずに悩み続けるような、こんな情景の霊視はよくあります。ですから私はすぐにこれは死者のどなたかの今現在の意識の状態なのだとわかりました。

するとすぐに以前に見たことのある或る情景が急に思い出されました。説明上或る事件のことを先にお話しますと、放火が原因の火災があってその焼け跡から一人の焼死体が発見されました。

すぐにそれはその家のお祖父さんと判明しました。この人は以前に小さな金貸しをしていましたがもう廃業していました。不思議なもので、放火した犯人はこの家ともお祖父さんとも全く無関係の所へ金を借りに行って断られ、ふらふらと自分の家に帰る途中でやけ酒を飲み、通りすがりの見知らぬ家に放火したというわけです。

その時焼死した老人にこの私がなってしまったのです。

私は眠っていたのですが、突然に人間が焼けて焦げる臭いが鼻をつきます。

「おい！　変だぞ。誰かが焼けているぞ！」

と、叫びながら瞬間、それは自分の足だと気かつきます。

「おーい！　おーい！　助けてくれ」

騒いでいるうちにも私の足はどんどん熱くなって焼けて行きます。

「熱い！　熱い！　おーい、なんとかしてくれ！」

というところで私は再び目覚めましたが、なんとも恐ろしい思いでしたので、しばらくははっきりと自分自身に戻れないような気分でした。

用を足せなくて悩み続けている人も、焼けて行く自分に苦しむ人にしても、この方々はもうずっと以前に死んでいる人たちです。

この例でも死者が死後に確かに生きていました。

自分が何故生きていてそこで悩んだり苦しんだりしているのか、全く見当がつかないままいまだにあんな状況の中で生きています。同じことを何度も繰り返しながらです。

楽しい状況の中でなど生きていません。哀れきわまることと思います。

最初の例の、光の彼方へ歩いて行って魂の世界に戻れたあの人は素直にこちらの言うことをお聞きになったのがよかったのかもしれませんが、なかなかあのように旨く進まないのが実態です。死んでしまって肉体もとっくに無くなっているのに、頑固にまだ生きていると主張する死者が大部分です。

例えば私と会話している最中に、突然頑固に叫びます。

「ばかなことを言うな。俺は死んでいない。死んでなんかいないぞ!」

そしてそう思っている理由を滔々と述べられることもあります。例えばこんな調子です。

「もう私は死んでしまっているというが、しかし、私はこれまでと全く変わらずに考えたり思ったりすることができている。ちゃんと幼い時のことまで鮮明に記憶しているぞ」

死んでもそうなのだということをこの人が知っていれば、こんなことを言って頑張ったりしません。

また、こういうのもあります。

「私は確かに自分の葬式も見たし、家族が泣いていた姿も見た。自分の体が祭壇の上に祀《まつ》られていたのも知っている。しかし、今こうして何でも考えることができるのだから私が死んでいるはずはない。葬式など見たのは、あれは私の夢だと思うよ」

夢という経験を誰でも持っているために、死後に意識で見たものまで生きていた時の夢と混同してしまうようです。

ただ変だ変だと首をひねっているうちはいいのですが、困ったことに自分で確かめたくなって動くことのできる肉体を意識で求めることになります。が、当然あるものと思い込んでいる自分の肉体が無いものですからますますわからなくなります。こうして答の出ない疑問の中で何故何故ともがく思いがどんどん強まって行くのです。

思い違い勘違いのまま死んで

死者が自分だけの力で自分の死を覚《さと》るのは非常に難しいことです。そしてそれを覚《さと》れるまで家族や縁者に暗い迷いの意識を送り続けます。

これが或る時は子供の心に入り込むことになったり、この世の子孫たちや縁者にいろいろな暗い現象を送って来ます。それがいわゆる障《さわ》りという形のものになってしまうわけです。

障りとは字のごとく障害です。嫌なこと困ったこと、不幸という言葉に入るすべてのことがこの障りというものですが、原因は死者であり、もっとはっきり申せば遠い先祖から繋がって来た因縁によるものです。

障りはつらいので誰でもそれから逃れようとします。

「障りを払って解いてさし上げよう」

と、言われればすぐに乗ります。

しかし、他人がどんな術らしきものを使おうが、それで何とかなるものでないことはもうよくおわかりと思います。

この障りというものの解決は死者自身でも全くできないのですから、よその誰かが来て何を祈ろうがどんな術を使おうが何の足しにもなりません。

死者の今置かれている状態を正しく理解できた子孫縁者からの救いの心と、私の寺での死者本人に向かっての『語りかけ』によってのみ死者は自分の死を覚ることができるのです。

ですから、もし子孫縁者がこの死者を全く忘れ去っていてこのまま永遠に放置していたとしたら、そしてなおかつ、私の寺とのご縁が全くできないままであったなら、まことにお気の毒なことですが、この死者は永遠に真っ暗な迷いの世界から脱け出ることができません。こんな哀れなことになっている死者がどれほどいることでしょうか。

幸いに子孫が私とご縁を結ばれこうした死者に気づけば、前章に説明いたしましたように私が一生懸命に『語りかけ』でお話することもできるわけです。

私はいつもこんな語りかけをしています。

「肉体があるから、それだから人間なんだと思っていたあなたが間違っていたのです。人間が両親を縁にこの世へ生まれて来る時に、あなたは赤児の小さな肉体だけを見ていて、魂という永遠に生きて行く命がそこに存在したことをあなたは見ていなかったのです。

肉体だけが人間ではありません。

あなたが生きていた間これが自分と思って目で見ていたあの体はもう亡骸となってしまって、今は墓の下に埋めてあります。

今生きているのはあなたの肉体と共にあった意識だけです。そして生前に存在したあなたの肉体と意識を導いて指示し続けていた本当の『魂』は、今あなたがもともとの場所へ還るのを待っているのです。そのあなたの本当の命である魂の所へ今からでも真っ直ぐにお還り下さい。

あなたは今、肉体があるからそれで人間なのだと思って生きていたその意識のために迷ってしまっています。このことに今からでも気づいて下さい。今のあなたに肉体はもう無いのですから」

死者にどうしてもわかっていただくためにこのように話すのですが、なかなか難しいテーマではあります。今ここですっと読まれただけでは理解し難い点も多いかと思いますので、もう一度繰り返してお話してみたいと思います。

死の話ばかりでしたので、先ず人間の誕生のことです。子というものは、両親の夫婦生活によって肉体が生成されますが、どうして子供ができたりできなかったりするのでしょう。肉体を物と考えたら行為の数だけ子供ができてもいいはずなのにそんなことにはなっていません。できても無事に生まれないこともあります。生まれてもすぐに亡くなってしまったりもします。

こんなに詳細にお話するまでもなく、確かに赤ん坊は物とは違う何かです。神仏または天からの授かりものという見事な表現がありますように、両親の意思で生まれて来るのではなく、赤ん坊つまり一人の人間の魂が、その魂の意思によって両親を使ってこの世に誕生して来るのです。

一人の魂がこの父この母と両親を選んで肉体を作り、その肉体に乗ってその子の魂がこの世に生まれ出て来るわけです。

　この世は人間の魂が修行する所です。学んで磨いてこの世に生まれて来た役目を終えると、また再び魂だけの姿に戻ってもとの魂の居場所へと還って行きます。その繰り返しが輪廻転生というものです。

　赤ん坊としてこの世に生まれるということは、一つの魂のこの世への再生を果たしたことであり、この魂はこの世でさまざまな苦労を重ねて、それで学んで磨いて一段と成長した魂になります。やがて肉体の病い・老い・物理的破壊などによって死を迎えると、魂はそれまで生きた肉体を捨てて還って行き、次の誕生の機会を待ちます。

　この赤ん坊だけではなく勿論両親も同じように、それぞれの魂によって生まれて生きて泣いたり笑ったりしながらこの世で学んでいるのです。子供が生まれて喜ぶのも、病気などで一喜一憂するのも、また、その子が先祖に心を盗まれてびっくり仰天するのも、すべてが魂の修行です。だから嫌がって逃げていたのでは駄目なのです。子供はつらい状態になって苦しみながら一生懸命両親のお役に立っているのです。子供に感謝こそすれ嘆いていたのでは大変な間違いというものです。

この魂のことがよくわかったら、自分の死についてもちゃんと自覚できそうに思えて来ませんか。肉体が死んだなら、それまで乗り物として使っていた肉体もそれに伴う肉体の意識もさっさと捨てて、もともとの魂に還らなくてはいけません。

その魂は永遠に生き続けています。肉体の死など怖がることも嫌がることもありません。

死んだら何も無い

さて、死んだことがなかなか自覚できないことの原因に、もう一つの大きな勘違い・間違いをここで挙げておきたいと思います。それは、

「死んだら何も無くなる。死んだら無だ。空だ」

という思い違いです。

科学科学と理屈っぽいことを普段言っている人でも、こんなあやふやなこ

とに疑問も持たず満足しているのですから本当に不思議です。

人間は死ぬとそれで何も彼もが真っ白な空白になり、死によってそれまでの心の葛藤や苦しみなど全部ご破算になってすべて終了になるという考え方です。

確かにこれは楽です。楽になりたいために自殺する人がいるのもこうした考えに立つものなのでしょうか。

死ねば借金も帳消しになると思ったのに、これが死んでも気になり続けているのですからお気の毒です。確かに自分は死んだはずなのに、借金苦の意識は全く消えていません。

「これは変だ。私は死んでいないぞ」

そして早速に迷いの死者の仲間入りとなってしまいます。

このように、死ぬと何も彼もが無くなると思っている人が結構多いので驚きます。

死んだら何も無い真っ白な空白になるわけがありません。先ほど述べましたように、永遠に死ぬことのないものが人間の根本の姿であることを知っていたら、こんな乱暴な考えが横行するはずがありません。

肉体が死ぬぐらいのことで魂そのものであるこんな高度な素晴らしい人間というものが、簡単に全部無くなってしまうものですか。

死んで初めてそれを知って、慌てて「私は死んでいない。まだ生きている！」と騒ぐなど情けない限りです。これもまた生き死にを、魂の乗り物に過ぎない肉体だけで判断しているということでお粗末な話です。

今こうして動いたり食べたり悔しがったりしている肉体だけが、すなわち人間であるという考えの根強さには驚くばかりです。どうして日本人はこんなに肉体のことばかりにこだわって来たのでしょう。仏教をはじめいろいろな教えが日本にはたくさん入って来たというのに、指導者たちは人々にこうした大事なことを何一つ教えず、もっぱら生きる術ばかりを指導して来たのでしょうか。そのため日本人は誰も死について本当のことを考えようともせず長い長い年月を平然と呑気に暮らして来たのかもしれません。

しかし、それが原因で現代のように心の異常が多発しているとするならば、心というものが欠落した現代人のみならず、私たちのご先祖を含む遠い昔からの日本人も情けない限りというべきです。先祖も今の私たちも両方間違っているのです。

それにしても本当に今の日本人は、肉体の欲望だけをすべてに優先させた生活にどっぷりと浸かりきったままでいます。愛する子供の異常を契機にして真実の入り口に導かれても、それでも魂や心を忘れ切っているために死者たちの意識の働きを学べず、したがって私たちとのご縁も結ばれず、可哀想に子供を苦しんだままに放置して、ただ困った困ったと言っています。

それなのに子供は苦しみながら必死に親たちが気づくための材料となる役目を続けています。親たちより遥かに貴い大事な仕事を子供がしているというのに、肝心の親がそのことにも気がつかないままです。そうした親では私のこの本を手に取るという縁さえいただけはしません。そんな溜め息の出るような親御さんたちが実に多いのです。

その人たちは怠けていてそうなのではなく、今の自分の暮らし方・考え方以外に何があるのか、もっと違う正しい暮らし方・考え方があるのか、とんとそちらには頭が回って行かないだけです。

身体がまず健康であることを誰でも真っ先に挙げます。その次がお金です。突き詰めるとこの二つが幸福というものと思っています。それはそうでしょうが、それだけかということです。

地球上のすべての人間が、全部こうした価値観のもとに生活しているのなら私もあきらめがつくのですが、ところがどうもこの日本人の考えは今の日本だけのかなり間違った考え方のようなのです。

そう言われてしまうと途端に心配になって来るかもしれませんが、私は今インドという国を頭に浮かべてこのように申しております。

インドはご承知のように仏教の発祥地です。日本は大昔にこれを取り入れたのですが、長い歴史を歩んでいるうちにどうも仏様というものを間違って解釈するようになったのではないかと思われます。そのために人間というもののとらえ方というか人間の根本のものを、随分間違ったまま「これでいいのだ」と、当たり前のことにしてしまったような気がします。どうもその辺からすっかりおかしくなってしまったようです。

人間というもののとらえ方という視点で今のインドと日本を比べてみる

と、とても大事なものが大きくクローズアップされて見えて来ると思います。私が実際にインドで体験したり見たりしたことを中心に少しお話してみましょう。

四、先祖も自分も間違っている

五、インドから学んだこと

死とは苦しみの終り

アメリカ、ヨーロッパ、中国大陸と、私もおかげさまであちらこちら旅をしていろいろな国々でその国ならではの心に触れ、いつも大きな感銘をお土産にいただいて来ております。

ここでは私の特に忘れられない国としてインドのことをお話しましょう。ご承知のようにインドという国は貧富の差の激しい国です。豊かな人というのは想像を遥かに超えた豊かさだそうで、ささやかな富でもすぐにリッチな気分になれる日本人にはとても理解できないほどのものだと聞いています。

しかし、日本からの短い期間の旅行者は、ごく少数のこうした人たちに会えることはまずありません。圧倒的に数が多いインド国民というのは貧困な人たちですので、当然どこへ行っても接触するのはそうした貧しい人々ばかりということになります。ですから、自然に見聞できた印象がそのままインドの現実の姿と考えてもそんなに間違ってはいないと思っています。

インドを旅行されたことのある人ならよくご存じですが、貧しい人たちの生活ぶりというのはそれはそれは物凄いもので、実際に見聞しない限りわが国の人には簡単に想像できないと思います。この私もいきなりあすこへ放りこまれて「さぁ、ここで暮らせ」といわれたら果たしてそれができるかどうか。

そんなインドの、なんだか真っ黒に汚れたような悲惨な感じの生活をいろいろと垣間見ているうちに、私は突然「そうか！」と、滝に打たれたかのように人間の本当の何かがわかったような気がしたのです。

やや結論めいたことが先になりますが、貧しくて哀れとさえ見える生活の中で彼等インド人はどうもこんな風に思っているらしいのです。

「今生きているこの世がたとえどれほどの苦しみに満ち満ちていようが、そんなことはこの世に人間として生まれて来た以上当然のことだ。悲しがることも苦しがることもない。人間いずれは必ず行くことになっている魂の世界こそが天国であり極楽なのだから、生きている今からその幸せを先に掴もうなどと考えるのは愚かな話だ。この世にある生老病死の苦しみなどすべては当たり前のことなのだ」と。

いかがでしょうか。日本より遥かに人口の多い国の人々がみんなこう考えて暮らしているという事実をどう思いますか。

偉そうに「そりゃインド人は貧乏からとても脱けられないと皆があきらめているのさ」と、あっさり片づけることができれば気も楽というものですが、いえいえ彼等の考え方・暮らし方に迷いはありません。あきらめているどころか苦しみの中で悠々と腰が据わっています。

ですから日本人の旅行者が表面的に貧しい哀れな姿を見て、日本は豊かで幸せだと単純な優越感だけで帰って来てしまってそれでいいのかと私は思いました。

今の日本は豊かで幸せだと生きている間ずっといい気になっているのはいいとして、さて、死んだらどういうことになるかということです。

死後には必ずこの世の精算が待っています。とすると今のような暮らしをしている日本人は、死んだ後は後悔と反省で一気に今の反対の苦しい暮らし、つまり今のインドとそっくりなものになるはずです。このことは人間の死後の法則であって真実なのですから、これは大変です。はたして今この世を生きているインド人のように、死後の日本人が平然とその状況に耐えられるでしょうか。しかもそれは誰のせいでもなく自業自得というものなのですから、どこへ頼って行っても相手にされません。

インド人と同じように死後は天国・極楽でありたいと望むなら、これもインド人と同じに今のこの世でそれなりの艱難辛苦を体験しなくてはいけません。少なくとも、艱難辛苦を嘆いたり愚痴ったりするのは間違いということになります。

インドでは日常茶飯事の光景ということなのですが、街頭で見るからに哀れそうな人に乞われて私はその人に小銭を渡しました。その時のことです。私に礼を述べて惨めな格好で合掌して去って行くインド人を見ながら、なぜか私は急に何か間違ったことをしたような恥ずかしい思いがしました。

インドを見ない前の私でしたら、日本にいる時と同様に困っている人を少しでも援助できればいいと気楽にその場は終わっていたでしょうが、インドとは不思議な所です。

インド人の彼は金額とか私の気持ちなどとは全く関係無しに、生きている者としてこの世の道理を自然に受け取っただけのようなのです。そのことが私にも何だか急にわかった気がしました。

彼はお恵みを受けたわけではなく、惨めでも悲しくもなく、この世の暮らしを当然にそのままやっただけなのです。

それなのにこちらは日本の感覚でお気の毒にと思って小銭を渡しました。あの時の私の心は彼を助けるという低い次元のものだったような気がして来ました。

これではあのインド人と比べて、私は一人でいい気持ちになっていたようなものです。そうなるとこの私は死んだ後にこの行為と心を恥じて後悔し、浮かばれぬ死者となって他の人に助けを乞う立場になってしまうかもしれません。

いや本当に、インドとは不思議に重い何かを感じさせる所です。

日本人には責める資格はない

インドの人たちはこうも考えています。

「この世で苦しめば苦しむほど死後の世界では幸せになる」と。

これならばこの世の苦労を嘆かないわけです。愚痴も言いません。そして、この世を終える時が来たら、もう二度とこの苦労ばかりの所には帰って来ないと堅く信じています。素晴らしい所へ行けるなら今がどんなに大変でも平気だと思っています。

よくテレビなどでも目にすることがありますが、余り綺麗ではない川で頭まで水に浸かっているシーンがあります。あれは、苦しみだけをしなければならないこの世には、絶対に二度と戻ることのありませんようにと、それを願う祈りの水行なのだそうです。

あの世の暮らしは幸せ一杯なのだから、この世は貧しかろうがつらかろうがそれは当たり前というこの考えは日本とまるで正反対ではありませんか。

「死ぬなんて恐ろしいことだ。いつまでも長生きしていたいものだ」

と、日本では生きるということに強く執着して、インドに比べたら桁違い

に贅沢で豊かな毎日なのに、それでも、

「もっとお金が欲しい、病気はしたくない」

　口を開けばそればかりです。死後に待っている魂の生活には夢一つかけていません。また、死後にこの世のことの精算をすることになることも全く考えてもいません。ですからとんでもない暮らしを平気で続けています。となりますと、将来の日本には迷った哀れな死者が充満するのではないでしょうか。なんとも哀れな国と言わなくてはなりません。

　インドのことをもう少々続けたいと思います。

　豊かさをもっともっとと求めてそのために必要以上に非人間的な暮らしをしている日本に比べて、羨ましいことにインドでは人間も動物も植物も共にこの世にあるものとしてゆったりと共存しています。町中のいたる所に牛が人間と同等に歩き、犬も鳥も穏やかに人間と一緒に生きています。これが本当のこの世というものの姿であるはずです。

　またこんな体験もしました。

　ホテル近くの街を歩いていますと、私の脇に幼い子供を抱いた汚い身なりの女性が近寄って来ました。そして無言のまま抱いている子供を私に見せます。なんと可哀想に片方の手が途中から無いのです。

こうした姿には人一倍胸が一杯になる私です。差し出された母親の手のひらに早速なにがしかのお金を乗せて渡しました。

すると近くにいた男の人が突然その母親にインドの言葉で「あっちへ行け！」と怒鳴って追い払います。母子は逃げるように立ち去って行きました。「可哀想に……」と、見送っている私に追い払った人がこんなことを言ったのです。

「あの母親は、ああして恵んでもらう生活をするために、子供の手を生まれてすぐに切り落としたんですよ」と。

何とも凄いことを聞かされたものです。この事実をどう考えたらよいものか、私はホテルの部屋に戻ってもしばらくは気持ちの整理が全くつきませんでした。

親が自分の生活に都合のいいようにと考えて、子供にそんなことまでして良いものだろうか。そう思って母親を非難し子供を哀れむのが当然なのでしょうが、しかしなのです。そんな風に偉そうなことを私たちが言えるのだろうかとそんな思いがすぐに浮かんだのです。

最近の風潮として日本人は、もっともらしい理由を掲げて自分の子供を生まれる前から平然とどんどん殺してしまっているではありませんか。そうです、堕胎のことです。

手を切り落として一生不自由させるのと、命を奪ってしまうのとどちらの罪が重いかというような議論はこの場合何の意味もないようです。少なくとも日本人にこのインドの母親を非難する資格は全く無いのだと思いました。

子供を親が自分たちで作ったものとまるで物でも作ったように思っていることが、この問題の根本にある最大の思い違いです。二親がその結合によって作れるのは、前章にも述べましたように子供の肉体というものだけで、生まれるとか生まれられないとかの生命の誕生は、その子供自身の魂次第なのです。その魂は、それこそ神仏という極めて高度なご意思のもとたくさんのご先祖の因縁まで背負い、親によって生じた肉体に乗って誕生して来ます。

その一人の魂の誕生を両親の勝手で操作して良いものなのでしょうか。御仏や家系のご先祖のお考えに基づいて、子供はこの世に生きてこの世で学んで行くはずだったのに、そのすべての道を親のつまらない目先の都合で奪ってしまって良いのでしょうか。

死後の世界に行ってから苦しみ迷うことになるタネを、こうして反省のかけらもなく撒き続けている現状を真剣になんとかしなくてはならないと思います。

片手の無い厳しい一生を親の都合で子供に背負わせるインドの親から、またまた大きなものをあらためて教えられることになりました。

消滅した肉体を拝む慣習

インドは現在仏教よりもヒンズー教のほうが遥かに多いと聞きましたが、その教えについては不勉強のため私はくわしくは存じません。が、ガンジス川のほとりで終日行われている死体処理の情景から、私は本当のものを実にはっきりと衝撃的に見せられたような気がしました。

亡くなった人を川岸で荼毘に付すとすぐにその遺骨や灰を、川の中で水を浴びている人がいるのに平気でどんどん川に流してしまいます。焼かずにそのまま遺体を流すこともありますのでそれとわかる物が浮いたまま流れて行きます。聞けば墓に収めることを全くしないということです。

死者の遺体、つまり死んでしまった後の肉体は悠久の流れである大河に流して、それこそ自然の大地にお返ししてしまうということなのでしょうか。残された家族らしき人たちも、これからは死者と心と心、魂と魂でいつまでも通い合っていられるからそれでいいというような安らかな表情に見えました。

肉体が死というもので終わってしまったらその肉体からはもう死者はさっさと離れてしまい、ヒンズーの神のもとである魂の世界へ還って行って、そこでやっと苦しみが全く無い安らかな暮らしが送れることになると、心からそう信じている様子です。

死によって役目を終えた肉体は、それこそご苦労さんでしたとばかりに川に流してしまうとは随分さばさばとしたものです。が、よく考えてみれば、

「なんと平然と正しいことをしているものか」

私はあらためて驚きながら感心しました。

そして大事なことは、この光景を彼等はずっと昔から見て来たということです。死んだ後はもう魂がいないものなのだから、こうやって川に流されるものなのだと幼い頃から心に植えつけられます。それが慣習というものになるのです。このような慣習のもとで成長して、また次の世代にそれを伝えます。

ですから、今私が日本で必死に説いています肉体と魂のことを彼等は何の苦労も無理も無く、ごく自然に学んで来ているのです。私は彼等が羨ましく思えました。

墓という日本のような形のものを持たない国は随分あるようですが、そのことはつまり死というものをインドと同様に明快に解釈しているのではないかと思われます。

それに比べますと日本では死んだ本人を初めとして今生きている人のほとんどがいつまでも肉体にとらわれています。その証拠の例としてお墓のことを述べなければなりませんが、お墓については後段で詳しくお話するとして、死後の行事に関することからいくつかの疑問を提示したいと思います。

まずお葬式です。お葬式で坊さんにお経をあげてもらい、引導なるものを渡してもらえばそれで迷うことなく成仏する、つまり、仏という清らかなものに変身するとほとんどの人がそう思っています。

これも子供の頃から大人たちがそう思っているらしい神妙な顔を見て、なんとなくそれで正しいと思い込んで来たわけです。昔の人から親の世代へ、そして親から子へとこのように伝わるのが慣習というものですが、慣習とは不思議なもので全部をまるまる受け入れて誰も疑問を持とうとしないまま続いて行きます。

日本で葬儀に僧侶が今のような形で関わったのはいつ頃からなのでしょう。誰が最初に言い出したのか、そしてどうしてこういう形になったのか、浅学非才の私ですのでわかりませんが、はっきり間違っているといえることは、「神主が死者を拝めば死者は神になり、僧侶が拝めば死者が仏になる」とされてしまっていることが第一のものです。

死んだ後のことを怖いと思っているために、人間の死後は心配なく神や仏のような素晴らしいものになると、社会的に偉いとされていた高僧からそう言ってほしかったのが事の始まりかもしれません。そして困ったことに、それに迎合して気休めをいうことにした心優しいお坊さんがきっとたくさんいたのでしょう。

確かに引導とは「迷わずに行くべき所へ行きなさい」という作法のことです。これを葬式でお坊さんにやってもらえば安心だということになり、また、長い歴史の流れの中で僧侶もこの作法で間違いなくそうなると自分自身も信ずるようになってしまったものと思われます。人々も次第に「お坊さんに拝んでもらえばいい」と、死者の扱いそのものを何時の間にか他人事にしてしまったものと思われます。

こうして引導を渡されれば仏様という大変なものになることとなり、仏様ならば仏様らしい名前でなければおかしいということで戒名ができました。この世で使い慣れた名前では駄目なのでしょうか。死んだご本人も戸惑いそうなものです。いやきっとこれは、仏様になった者にそれらしい名前もつけてやれないのは恥だと親族が考えたことから始まったのが真相かもしれません。本当に昔の人は姑息な考え方をするものです。

もともと死というものから逃げていたい人間たちですから、死そのものについても、死者の扱いにしても、まさかと思えるほどの無知にどんどんなって行きます。

「自分が死んだら、近所のあの坊さんが葬式できっと立派なお経をあげて引導とやらを自分に渡してくれるだろう。だから多分自分はあの恐ろしい地獄とやらには行かずに、きっと極楽へすんなり送ってもらえるはずだ。なにしろ仏になるのだから、そうなれば今までできなくて無念に思っていたことも神通力みたいに簡単にできるだろうし、子供や孫にももっといろいろしてやれるに違いない」

こんな寝言なみの笑いたくなるようなことを、立派な学問を受けた偉いといわれている人までもが疑問のかけらも無しに思うのです。慣習を盲目的に鵜呑みにして死に関することはすべてお坊さんに丸投げして、先祖のことも親のことさえもすべて怠けて平然としていることになります。

しかし、それにしてもです。拝んで死者が仏様になるものでしょうか。また、仏様を拝めば死者は納得して安らかな魂の世界に還れるのでしょうか。

この本をここまで読まれた方は、慣習として覚えてしまっていることがどれほどいい加減なものか改めて総点検してみたいと思われたはずです。

カラを拝んでいる

先日、私の寺とはもう随分長いおつき合いのKさんのご家族がインドから一時帰国されましたので久し振りに皆さんと会っていろいろお話しました。

Kさんは以前からWHO（国際保健機関）に勤務していて、その赴任先は現在のインドをはじめバングラディシュとかネパールとかいう厳しい環境の国ばかりが続いています。Kさん自身は仕事ですからどんな所でも仕方がありませんが、一緒について行く家族は大変だと思います。二人の息子さんはまだ小学校の低学年の頃からこうした開発の遅れている国々に住んで、今回両親共々一時帰国したのですが、ひさしぶりに会った彼等は既に高校生で体もお相撲さんのように成長していたので本当に驚きました。

大変な国々で長い間両親に従って暮らした彼等に、将来何になるつもりかと私は聞いてみました。するとそれぞれに僕は弁護士、僕は医者になりたいというごく普通の日本の高校生と同じような返事でした。しかし、この少年たちが実際にその道に進んだ時、彼等がこの十年ほどの間にインドなどで見聞したさまざまな体験が、物質万能の日本で呑気に育った子供たちと比較して、人間としてとても大きな差を生むに違いないと思いました。

いや、既にもう彼等はそうなる芽をちゃんと持ち合わせていたので、正直いって私はびっくりさせられたのです。

インドということから、死者の遺骨や墓を死者そのものとして扱っている日本の話になった時です。私のすぐ脇に座っていた弟のほうの少年が突然こんなことを言いました。

「先生。おかしいですよね、日本人は」

「どうして？」

「だって、カラを一生懸命拝んでいるんだもの」

「そうだよね。確かにカラだよね」

感心しました。なんとよく見ているものかと。

遺体とか遺骨とかは、魂が肉体を乗り捨てたあとの抜け殻みたいなものですから『殻』でもあるし、何も無い単なる物体という意味では空っぽの『空』です。

インドで生活した少年が日本の習慣を素直に見た結果とても奇異な感じがしたのでしょう。日本の慣習に毒されていない新鮮な頭で日本の墓参りの姿を見れば、まさに「カラを拝んでいる」ということになるわけで、私もあらためてこう言われてみて、本当にその通りだと少年の言葉に感心したわけです。

本来素直にものを見る人間の目も慣習にはいつの間にか負けてしまい、墓の中に死者が住んでいると何の疑いもなく思っています。これほどに私たちは言い継がれて来たことを無反省に信じて、錯覚と間違いに目が覚めずに平気で暮らして、しかも無責任に子供や孫にそのまま伝えてしまっています。

このことは一見何でもないように見えてとても重大なことです。というのはこのことが結局死んでもそれを自覚できずにさまよう死者を限りなく作り出してしまうからです。

そうすると、この本のテーマである『子供たちの心が盗まれる』という現象が次々と果てしなく生まれるということになるわけです。

皆さんに早くこのことに目覚めていただきたいものです。

ところが少しも目覚めようとしない人たちもいるのです。比較的知的とされている職業でそこそこの地位を得た人たち、例えば教師のような立場の人たちがそれなのですが、それでいて自分の子供が可哀想にご先祖の意識を受けていることがとても多いのです。

子供たちはつらい状態になることで親が気づくのを待つのですが、親は普段偉そうにしているために世間の目ばかりが気になります。自分に子供の今の苦しみの原因があるという格好の悪い話は聞こうともしないのです。

こんな人に出会うと私は遠慮なしに糞味噌に申し上げた上にこう言います。

「自分の子供も救えなくてどこが偉い。このままあなたが死んでしまったら、あなたが今度はウロウロ迷って歩くお粗末な先祖になるんだよ」と。

本当に心を冒されたわが子を救えるのは親しかいないのです。

カラを拝んでいると言った少年はまだ若いけれども、こんな親より「遥かに偉い」と褒めたくなります。それほどに今の日本人は人間というものに無関心過ぎます。

自分の魂がこの世で求めているもの

Ｋさんたちといろいろな話をしているうちに私はふとこんなことをＫさんに聞いてみたくなりました。それはインドに精神を病む人がいるかどうかということです。

というのは、日本では死者が自分の死を自覚できず体がまだあると錯覚するところに精神病の原因があります。ところがインドではここまでにいろいろお話しましたように、人間死ねば肉体は無用の物として消滅してしまうことをよく承知した上で死んで行っています。ですから日本と同じように死後にさまよう死者はいないはずです。そうとするとインドでは精神病が発生しないということになります。

「その辺のところはどうなんでしょうか」

と、思えば私も変な質問をしたものです。Kさんはこの問いに直接の回答はしませんでしたが、参考になるかもしれないと言ってこんなことを聞かせてくれました。

インドでは、気候も厳しいし環境も決してよくはない。その上極限の貧困がある。だからそうした生活に疲れ果ててしまい、極度に恐れたり怯えたりする心の病が多いということでした。

子供の例でいえば、売られてしまって酷い虐待を受けながらの労働が続き、それで精神状態がおかしくなるとただ放置され、更には檻の中に入れられてまるで動物のような悲惨な扱いを受けていることもあるのだそうです。

その場合の症状を私がKさんにこと細かに聞いてみました。やはりどうも日本における分裂病とは違うもののように思えました。といいますのは私がこの二十年近く取り組んで来た死者の憑依による症状とは別のもののようなのです。

虐待やひどい扱いを受ける過酷な生活によって自分自身が破壊されてしまうというまことに気の毒な『病気』と考えざるを得ません。

したがってこれに対する療法は、医学・科学の分野にそれなりにあると思いますが、それと実際の子供たちの救済とはこれもまた別のものであり、外国人が軽々に論ずる範囲を超える問題なのかもしれません。

それにしても、このことばかりではなくインドというと、どうしてこんなに切ないつらい思いがいつも伴うのでしょう。日本では死者を不幸にしたまま自分の目先のちょっとした不幸にはすぐに大騒ぎします。どこかで大変な間違いをしていることは明らかなのではないでしょうか。

今も申しましたように、日本に生まれて日本に暮らすのも、インドに生まれてインドで生きるのも、それぞれの魂によって与えられたこの世の暮らしです。単純にどっちがいいとか悪いとかそんなことは論じられない奥深いものなのだと思います。

それはさておき、魂というものについて最近の私は特に強く意識しています。

これまでに私がメッセージという言葉で説明しているものがあります。これは霊視と同じように夜半に声で私にお示しになるものなのですが、霊視のように毎晩ということではなく時折のことです。例えば私に行き詰まっている問題がある時とか、いい気になって間違った方向に進んでしまっている時とか、実にみごとなタイミングで大事な教えを下さいます。そしてそれは男性の声です。

私は以前はこれを御仏の声ではないかと思ったこともありましたが、今では何もわからないままに私の魂の声と思っています。

最近、この私の魂の声がこれまでよりももっとはっきりと、しかもしばしば聞くことができるようになりました。

この私の魂の声のことを人さまにお話しますと、それは先生の守護霊なのですかとか指導霊ですかとかいろいろお尋ねになります。ところが、この私だけに聞こえて来る声の主は、これまでにただの一度も名乗られたことがありません。ですから私が勝手に名前をつけたり説明したりすることはできませんし、そうするものではないと思っています。

このメッセージについては他にお話する機会もあると思います。私には私の魂があり、あなた方一人ずつは永遠の魂の今の世での形であり、その魂こそが人間の本体なのだということをここでもう一度申し上げたくてこの話をしました。

インドという国に身を置いて人類の健康のために働くKさんも、それはKさんの魂のこの世での役割であり、Kさんの息子たちの魂も父親の姿や他国の人々を見ながら学んでいるのです。

私たちはこの世の肉体の命だけで生きているのではありません。永遠に生きる自分の魂と一緒に今ここにいるのです。そして、この世に生まれて来たからには、自分の魂が「こうしたくてこの世に来たのだ」と求めているものがあるはずです。

それは私のメッセージのように耳で聞かせてほしいと頼む必要はありません。魂の声は私には私向きに声で教えて来ますが、正しいことをしようと素直に思う心には、誰にでも魂はその人に相応しい形で必ずその教えを肉体の自分に伝えて来ます。まず魂と著しくかけ離れた暮らし方をしないこと、それが肝要ではないでしょうか。

六、間違いに気づかないという間違い

墓は死者の住むところか

お墓の無い国の話をしましたが勿論世界のすべてがそうではなく、お墓のある国はたくさんあります。いうまでもなく日本もそうで全国各地の津々浦々どこへ行ってもたくさん見ることができます。それも遥かな昔からずっと続いています。

「死んだらお墓の下に入る」
「死者は墓の中にいる」

そう聞いて誰も不思議に思いません。

遺骨が入っているという意味ではなく、死者そのものが墓の下にいるのだという言い伝えのことです。

本当に死者はお墓の下にいるのですか？　そこに座っているのですか？

人間は死んだ後にそんな所でいつまでもずっと生きているとは誰も理屈では考えていません。それなのにこんな不思議な言い伝えをどうして誰も不思議と思わずに受入れ、そのように信じ、そして、子供や孫にまで平気でこんなことを話しているのでしょう。

私はいつも、自分が死んだらお墓の中に入るのだなと、そんなことを本気で思ったまま死んではいけませんと皆さんに真剣に真面目にお話していま す。

そうしますと短絡的に私がお墓そのものを全面否定しているように思う人がいるので困ります。私の申しておりますことを正確に聞いていただければと思います。

お墓というのは、かつて人間の肉体として魂の乗り物であった遺体または遺骨を丁寧に収めておくための場所であり、それ故に家族や縁者が死者を偲ぶのには相応しい場所でもあるというそれ以外の何物でもない、そう言っているわけです。

ここまでにもう何度も申していますが、人間は死んだら魂だけになって生まれる前にいた所へ還って行くのが正しく、かつ、通常のコースです。死後に残した『カラ』の肉体と一緒にいつまでもこの世に残ってなどいませんし、また、残っていてはいけないということです。

更につけ加えるなら、墓の下で生きているものだと思い込んだまま死んだ人間は、体が生きている時と変わらずにあるものと勘違いをして自分の現在の状態がさっぱり掴めず、そのためいつまでも魂の世界に還れません。

残ってしまった意識が「まだ自分は死んでいないようだ」と、体がまだあるように錯覚して墓を自分の住家のようにこだわって迷い続けます。つまり典型的な『浮かばれていない』姿になります。本人はそれでいいかも知れませんが、こうなると子孫の子供の心を奪ってしまう何とも情け無い哀れな死者に必ずなってしまうことになります。

誰だってそんなことにはなりたくはないはずです。ですからそのためにも生前からきちんとお墓のことを正しく認識していてほしいと思うのです。

そんなにわかりにくいことでもないと思います。死んだら墓の下に住むわけではないという当たり前のことを当たり前に理解して下されば良いだけのことです。

古代の人々も、生前偉かった人や愛した人が亡くなると、その人が使っていた肉体を粗末に放り出しておくのに忍びず、大事に扱って大地の奥深く収めたものと思われます。つまり人間の愛の証しともいえます。エジプトの例にしても日本の古墳の場合にしても遺体は大地の底深くに入れて再び取り出すことなど全く考えておりません。遺体はもうこの世では完全に不要なものとして扱われています。

このことは、大自然と共にあった古代人は現代人と違って、肉体と魂の関係を現代人とは比べ物にならないほどはっきり承知していたことを意味します。また、どんなに期待して待っていても死者が蘇生、つまり、生き返ることなど絶対に無く、肉体はやがて物体として消滅することもしっかり理解していたことを物語っています

反対に、魂のことがよくわかっていない現代の学者の方が、勝手に変な仮説を述べたりしました。

「古代の人々は、死は長い眠りであり、眠りから覚めるように人間は後の世に再生するものと考えていた。だからその時に戻る体が無いと困るだろうと思って遺体を大切に保管したと考えられる」

古代人を馬鹿にしてはいけません。古代の人はそんな無知な人たちではあ

りません。現代の学者さんのほうがよっぽど原始人に近い無知といえます。こんな説を、魂のことも魂と肉体の関係のことも知らずに述べるので、現代人の中に勘違いする人が出て来てしまうのも無理はありません。

遺体を粗末にしないで収める所、これが墓の本当の意味です。死者の遺物の収納場所といってもよいかと思います。

いつでも誰でも墓の前に立って、その人がかつてこの世にあったことを偲ぶのに便利な記念のしるしとして作られたのが、古墳であり現代の墓なのではないでしょうか。人間の優しい心が原点です。

死んだ人間が生きているように墓に住むとは、いつ誰が言い出したのか知りませんが愚かなことを随分もっともらしく言ったものです。また、それをなんの疑いも無くよく次代に伝えて行ったものです。とにかく「死んだら墓に入る」「墓に入っている」この考えを現代人の頭の中から早く綺麗に消去したいものです。

大体、テレビとゲームに漬かりきりになっている今の理屈っぽい子供たちに、死者が墓の下にいるとどう説明して納得させますか。私にはとてもできません。

普段は死者を全く偲ぶことなく、墓参りだけがただ一つの死者たちとの接点という暮らしの人が、墓の前に来て思い出すのはごく身近だった父や母だけで、父親が酒好きだったなら墓石に酒をかけます。

「お父さん。やっと来たよ。忙しくて長いこと来れなかったけどごめんよ」

帰る時にはこう言います。

「また来るからね。淋しがらずに待っていてくれよ。さようなら」

これでは墓石が父親そのものです。

死んだら無になるゼロになる

いずれにしても墓イコール死者ではなく、遺された物の収納場所であることに変わりはありませんので、もし心のうちだけで充分に故人を偲べるならお墓はいりません。不要です。

最近『撒骨』といって、遺骨を海や空に撒いてしまうことが流行しています。インドで川に流してしまっているように、魂の去ったあとの肉体の残り物は天地の間にお返ししてしまうという考えのことのようです。

それならば、お墓にとらわれて幽霊みたいに死者がうろついているという感覚より、ずっと正しいと思います。

ところが、そうではない撒骨があるのです。

例の「死んだら何も無い。ただの空白だ」という気取った無知です。

気取ったと申しましたのは、人があまりやらないことをするのだから格好がいいだろうという浅はかな気持ちが感じられるからです。

それだけならまだしも、死んだ後はただの空白ですべてが無になるというのは、既に書きましたが大変な間違いです。無とかゼロとかになるとは無知だからそう思えているに過ぎません。死んだ後、魂どころか肉体にくっついていた意識までがギンギンに生きていて自分自身がパニックになることをこの人は知らないだけです。知らないのにわかったようなことをどうして言ったりしたりするのでしょう。格好いいどころか醜い限りです。

こういう人がさまよう死者になることは確実です。毎度申しますようにご本人はそれでよろしいのですが子孫が迷惑します。

撒骨はいい加減な気持ちでするものではありません。どうかしっかりした心構えで実行していただきたいと思います。

ところで余談になりますが、先ほど考古学者のところで「死は長い眠り」という話が出ましたので、ついでにそのことにも触れておきたいと思います。

死というものは死であって、長い眠りなどではないことは当然です。ですが、眠った時のように魂が肉体を離れて、そのまま肉体にはもう帰って来ないことが死ですので、その意味では、死とは長い眠りみたいなものと言えないこともありません。

もう一度丁寧にご説明いたします。

人間は毎晩眠ります。睡眠によって肉体の疲労は解除され明日への活力も新しく生まれます。こうして人間が眠っている間は、肉体から魂は離れているのです。肉体は肉体だけになるから休めるのであって、朝になって魂が肉体に戻れば目覚めとなります。

寝ている間に見る夢は、肉体に付属している肉体の意識、つまり脳の微かな働きと理解すれば納得できるのではないでしょうか。

もし、朝になって肉体に魂が戻って来なかったら、それは死です。魂はこの肉体を捨てて行くべき所へ還り、残ったのは脱け殻の肉体ということです。

ですから私は朝になって目が覚めると、

「ああ、魂が今日も帰って来てくれたのだな」

と、いつも実感します。そして、生かされていることの有り難さに感謝すると同時に、生かされている役目の重大さに身が引き締まる思いがいたします。

こうしたことから私は、いつも皆さんにこんなことを言っています。

「人間は毎日死んだり生きたりしているようなものです。眠ることでちゃんと死を体験させてもらっているのです」と。

魂が戻ってくる予定の肉体のほうが、もし戻る以前に生物学的活動を終えて死んでしまっていたら、魂はもうそこには戻れません。しかし、戻れないというだけであって魂は決して無くなってなどいません。確実に生きて存在しています。

人間の死とはこういうものですので、死んだらそれですべてが無になるゼロになるなどということは絶対にありません。

ここまででも随分間違いがありました。

間違いは仕方がないもので改めればいいわけですが、慣習となるとそれなりの歴史もあってなかなか根が深く簡単に改まりません。改めるには理屈で納得するのが一番早いのですが、慣習となると理屈抜きで信じていて「これでいいのだ。いいはずだ」と、誰も間違っていると思っていないので困るのです。

しかし、慣習だからと改めずにいると、その誤った慣習の中で死んだ人間が死後に迷ってしまい、結局は悪い連鎖となって続くことになりますので、この辺でしっかり改めなければなりません。

「これでいいのだ」を「これでは駄目なのだ」にするわけですからこの変革には大きな勇気が必要です。それには今の自分の命の扱いから始めることです。まず自分自身が、死後に自分の墓を子孫に拝んでもらおうなどと思わないことです。自分が死んで灰になってもそれで自分が終わってしまうのではなく、もう一つの魂が厳然と生き続けて行くのだと確信を持っていることです。それで初めて昔からの愚かしい慣習から子孫たちを正しく導くことができるし、勿論愚かしい霊障のようなものを残さない先祖に自分がなれるのです。

この章の題名は『間違いに気づかないという間違い』と、なっています。間違いにはそれが間違いであることを知る以外に対抗手段はありません。

先祖代々とは都合が良すぎる

日本国中どこの墓地を歩いても墓石に彫られた文字が私には気になってしかたがありません。それは『先祖代々』という言葉です。

これは「○○家という名の家系で昔から代々ずっと繋がっているご先祖様の全部の人」という意味の言葉と解釈してよろしいでしょう。

しかし、昔から使われている言葉とはいえ、これほどひどい間違いはないと私は思っています。

これも「え？　これのどこが悪いんですか」という声が聞こえて来そうです。

私が霊視でお目にかかる方々はすべて何の某と名前を持った個人ばかりです。何々家の先祖一同だよと団体でまとまって現れたことはただの一度もありません。

子供の心を盗んで憑依して来ている人々もすべて一人一人の個人です。これは当然のこととお思いになりませんか。

このご縁のある死者たちを魂の世界へお還りいただくための私の寺でのご供養も、当然お一人ずつです。もし、まとめて一括して「ご先祖の皆さん」と語りかけたとしたら、お一人も私の『語りかけ』に耳をかして下さいません。全然通じて行きません。

家の前から「この家にいる皆さん」と声をかけたとして一人でも「私のことか」と振り向いてはくれないでしょう。そんなものです。子孫としての心をもって呼び掛けなくては先祖も心で応えてはくれません。

面倒臭いからまとめて一括にして……そうはまいりません。

自分の両親や兄弟姉妹をはじめとして綿々と自分にまで続いて来た命の繋がりであるご先祖を、よくもこう簡単に粗末に扱うことをケロッとした顔で伝えて来たものだと思います。

本当にどこのお寺でも墓地でも『先祖代々』と書かれたお墓の多いこと。「いやしかし、お寺の偉いお坊さんだって法事の時にいつもそう呼んでいますよ。ですからそんなに間違ったことではないのではありませんか」

ここでも偉いお坊さんが出て来ました。

お坊さんがしていることなのだから間違いは無いはずだと、丸投げではなく『丸受け』しています。疑問一つ持ってはいけないという慣習のもとに、百パーセント丸々頭から正しいものとして受け入れています。

はっきり申しまして偉いとされているお坊さんでさえ、これまで私が述べて来たような真実の死者の姿を自ら体験もしていませんし知識もありません。仏教の教理を学問のように勉強し、お経や作法をマスターし、高い僧階を得てはいますが、死者と対話などしたこともありません。私はそれが悪いと言っているのではなく、お坊さんとはそういうものであって、何から何まで正しく身についているわけではないということを承知していてほしいだけです。

ですが、先祖代々というまとめた呼称も、そういう一括で片づけてしまう作法も、これは全部が間違いだということです。

それなのに、これもあの始末の悪い慣習によって子孫たちは盲目的に従っています。なぜなら何でも効率を優先したがる現代人にとって大変都合がいいからです。

「ご先祖のことをするのに一人一人だと数が多すぎて大変だ。お坊さんが先祖代々でまとめていたのはそれで特に差し障りが無いということなのだろう。だから我々も一括して先祖代々で済ませることにしよう。とにかく便利だ」

多すぎて大変とは、実際に多くて法事に困った経験があるのなら仕方がありませんが、ただ考えてみて大変だろうというだけに過ぎません。念の為にお坊さんにそれでよいかどうか尋ねてみたとしても返事はどこも必ず一緒でしょう。

「はい、それで結構です」

根拠はお坊さんたちもそのように教えられたからです。そんな供養が供養といえるのでしょうか。死者は決してひとまとめでは納得して下さいません。先祖代々というのはあまりにもこの世の者のご都合主義です。死者の扱いとしては乱暴過ぎるというものです。

女性が欠落した家系図なんて

間違いはまだまだたくさんあり過ぎてどれからどうお話したものやら迷ってしまいますので、特に順序など考慮せずに次々に述べさせていただきましょう。

法事を「私はちゃんとやっています」と胸を張る人がいました。よく話を聞いてみますと父親と母親のそれをやっているということでした。無論両親だけで他のご先祖は考えたこともなかったようです。このケースは非常に多いのです。

思い出が一杯の両親のことをするのは、それはあまりにも当たり前のことであって威張るようなことではありません。

墓に酒をかけていた人もこの口かもしれません。

ひどいのは両親のことも、

「ああ、それは本家の兄がやっています」

平然とそういう人もいます。

「先祖のことでしょう？　ちゃんとやっていますよ」

こう言った人は、祖父と曾祖父の位牌を大事にしていました。

「祖父の妻、つまりあなたのお父さんの母親は？　あなたのお祖母さんでしょう？　それからあなたのお母さんのほうの祖父と曾祖父は？」

この人は気の毒にびっくりしたように目を丸くして黙ってしまいました。

申し訳なかったのですが、この人にはそこまで正しい供養を進めていただかなければならなかったからです。先祖とは、幼かった自分が会ったことがあるとか、知っているとか、そんな範囲の人を指すのではありません。自分がこの世に生まれるのに不可欠なもの、自分の魂と肉体のすべてを与えてくれた因縁の『因』の方々全部のことです。

ですから先祖というのは父親の父親というような父方ばかりではなく、母方も、またそれぞれの兄弟姉妹まで、漏れなく網羅したすべての方々をいいます。図で示すなら上に逆三角形で広がるものが全部あなたのご先祖の皆さんということです。

ついでに言えば、子孫は下向きの三角形に広がった形になるわけです。

「ご先祖なら遠い遠い昔まで私はよくわかっています」

と、立派な掛け軸になった家系図なるものを広げる人もいます。

見ると父親の父親のそのまた父親というように一本線でどんどん溯って、一番上は歴史上有名な大名の名が輝いています。きっと代々の父親が得意になって広げて見せていた家系図に違いありません。

この手の物に共通しているのは、妻は勿論母方というものが一切書かれていないことです。男性それも長男だけで縦に繋がっています。

これでは系図のかげに女性がすべて隠れてしまって、子供を生み育てた妻も嫁も姉妹も存在しなかったことになります。こんな馬鹿げたものが系図なものですか。

日本という国はご承知のように狭い国土ですので、昔から土地の奪い合いの歴史ばかりです。自分の土地となれば死守します。それほど大事な土地ですから子孫にも繋げて行きたいと考えるのですが、今の相続のように子供の全員に均等に分けてしまったら、一人当たりの土地や財産は極めて小さい物になってしまいます。細分化されてしまえばもともとの土地や財産の価値は一度に無くなったと同然になります。

それで長男ひとりだけが後継者ということになってその他の子供は家来や社員になるか養子に出るかしました。男子がこれですから女子は完全に無視です。もちろん系図にも載りません。

自分の妻や娘や姉妹でもこの扱いですから、他家から来た嫁などは論外の存在でした。こうした生活の掟がそのまま当然の慣習となったわけですが、その慣習を守りも守ったり何百年です。現代になっても大事な掟・慣習のようなつもりで、時代にそぐわなくなっているのではないかと考えることさえしようとしません。

「女性抜きでよく子孫が繋がったものですね。不思議ですね」

と、精一杯の皮肉を言ってやりたく思います。まさに悪習といってもいいものではありませんか。

こんな考えで家というものを続けて行くのは、生きている間はいいとして、死んだ後にどう思うかです。家系を繋いで来た男性がどんな男であろうと、その心の奥には母も妻も娘もはっきりと人並みに生きています。

赤ん坊の時からずっと世話になったり、心配かけたりした思い出がいっぱいあります。もしかしたら父や兄に対する以上の思いを持っているとも言えます。

ですから系図の裏に隠した当事者というか張本人というか、この家の代々の男たちは死ぬとたちまちこんな気持ちになって苦しみます。

「お母さんよ、妻よ、娘よ、姉よ、妹よ、嫁よ、済まなかったな。放っておいて悪いことをしたね」

必ずこうなります。この意識は自分では消すことができません。

この家ではこんな状態になる男がずらりと縦に並ぶのですから大変です。

従って現世に及ぼす悪影響も並大抵のことではありません。

これで誰が困るかといえば子孫です。土地や財産を守るつもりで、慣習通りやったことなのに、間違ったことであれば容赦なく子孫を苦しめる結果になってしまうのです。

こうした先祖の意識からの繋がり、それを因縁といいます。

この因縁は厳しく子孫にのしかかります。良い因縁も悪い因縁も子孫に必ず繋がります。それを一つずつ解決して行くのが子孫のこの世に生きている意義であり役目であり、そして価値でもあります。

それを可愛い子供が苦しみながら今教えてくれたのです。嫌だと騒いでは子供が何のために苦しんだかわからなくなります。それではあまりにも子供が可哀想です。心を落ち着けて供養を重ねて行くしかありません。

当然のことですが私の寺でのご供養はあくまでもご先祖・縁者お一人ずつです。先祖代々とまとめるような間違いは絶対にいたしません。お一人ずつ根気よくご供養して一つずつ解決して行きましょう。

私はこうした家々の人たちと毎日のようにお目にかかって、供養をしながら励まし続けていますが、昔からの間違いだらけの慣習はもうこの辺でしっかり断ち切らなくてはいけないとつくづく思っています。

拝んで助けてもらう

さて、もう一つ書き加えたいことがあります。

それは単純なことのようで結構惑わされてしまうもので、一口で申すならば「拝んで助けてもらおう」という間違いのことです。

ここまでに随分繰り返しお話したような気がしていますが、生きる死ぬどちらも人それぞれの魂の命によって決められるということから話を始めたいと思います。

人間は生きたいと願っても死にますし、早く死にたいと願っていても死ねません。

今生きている私たちのこの命は、魂の思いのままにこの世だけの魂の借り物として生かされています。人間が自分の意思で生きているのではなく、生かされているのです。

だから自分の思うように生きられませんし、また、死ぬこともできずにいます。

幼い時や若い時に命をなくしてしまうことがよくあります。当然その死を両親は非常に悲しみます。その結果両親は初めて本当のことを学ぶことになります。ですからこれは両親の魂には大きな目的と役目が初めからあって、そのために子供の死という悲しみが作られることになったと私は解釈しています。

子供の心が冒されて、そのことで両親が初めて真理を学び取れるのと全く同じ法則なのです。子供が教材になってくれるのです。

が、年をとると今度は、その人自身が生かされる意味があるか無いかが生死の基準になります。何一つ学ぶでもなく、世のためになることもないまま必要以上に長生きして、老いても老いても死ねないのは哀れともいえますが、これも魂の考え通りなのです。

肉体の命がしかるべき長さに到達したら、そこでたいした苦しみも無く眠るように死ねたらいいと思いますが、それには自分の魂に「これでもうよかろう」と納得してもらえるところまで、成すべきことを肉体で充分に成し遂げていなくてはなりません。その成すべき行動とはひとえに迷っている自分のご先祖たちを成仏させる、ただそれだけです。なぜならそれが生かされている今の人間の大事な役目だからです。

ご先祖は私たち子孫を守ってくれるものではありません。守って下さいとお願いする相手とも違います。既に死んでいるご先祖はすべて仏様になっていると思うことが大間違いであったのと全く同じことです。

ご先祖も仏様も、お願いすれば何でもかなえて下さるというこの世の者の都合のために存在するものではありません。それなのに、

「拝めばきっといいことがある、それが信仰というものだ」

そんな風に思っている人がたくさんいます。

「立派な指導者に代わりに拝んでもらえばもっと効果があるだろう」

と思う人がいれば必ず、

「私が拝んであげるからもう大丈夫」

という人が出て来ます。

身辺に悪いことが起きると、ご縁の死者たちへは心を巡らさずに、何かの障りだ、悪霊がいると騒いで、「拝んであげるから大丈夫」という所へとんで行きます。

大丈夫でないとなると今度はこう言います。

「神も仏もいないのか。こんなに拝んだのに！」

ひょっとして自分がしていることは間違いかもしれないと考える余裕はもう無くなっています。それこそ間違いに気がつかないという間違いを繰り返すばかりです。

「拝みが足りないからだ」

そう言われればまたまた迷路に深入りして行くことになります。

人間とはこれほどに勝手で無知なものかと思えるのですが、しかし、これもまた魂が肉体にさせてくれる修行なのかもしれません。

今あなたの最大関心事は何といっても子供の心の異変を治すためにはどうしたらよいかという、その一点に集中しています。

あれがいいと耳にしたものは何でもやってみたと思います。それなのに、どうしていい結果を見ることができなかったか。ここまでお読みになって少しは理解されて来たと期待しているのですが、治そう治そうとどんなに夢中になっても、治すための特効薬も療法もありません。治せる祈祷もお経もありません。もちろん子供本人に何かの術をかけようとする類いは怪しいに決まっています。とにかく拝んでも拝んでもらっても駄目です。

何かをしたら良くなる治るというような、そういう世界のことではないのです。

ただ一つしかない嬉しい結果を手にできる解決への道とは、もうおわかりになったと思いますが、それは、子供の両親であるあなた方の生きざま・暮らし方・ものの考え方の大変革以外に絶対にありません。

この章であげたように、間違ったことを間違っていると少しも考えずにやって来たことがたくさんあります。はやくそれに気づいてガラリと改めて下さい。

これは決して遠回りではありません。早く早くとあせるなら、早くこのことに気づいて下さることです。間違ったことや間違った所をいくら巡って歩いても、決して治るということはありません。

これまでにも随分遠回りをされたでしょうが、そうして体験を重ねて学ぶのがこの世に生きている意味なのですからそれでいいのです。

何をやっても治らないので、それでこうしてこの本で私とのご縁ができたというものです。あちらこちらと迷いの道を遍歴されてようやく私の寺に辿り着いたという人たちも大勢いらっしゃいます。決して簡単な道ではありませんが、どなたも子供さんを愛するが故に真剣にそして素直に私の話を聞き、ご先祖のご供養を続けておられます。

嬉しい結果を目《ま》の当たりにしてご両親が子供さん共々寺へ挨拶に見えた時などは、

「よく頑張りましたね」

と、両親を褒めながらいつも私も涙ぐんでしまっています。

七、供養とは魂と魂の触れ合い

子供のほうが立派な生き方をしている

この本の以前に私の著書が既にいろいろ出ていますので、それをお読みになって私の寺へ電話をかけて来られる方が毎日たくさんいらっしゃいます。それが私とのご縁の始まりとなるのですが、私の寺へ通って来られるのに距離的に遠い方はそれだけ大変になります。が、遠距離であるというそれも本当は因縁によるものであって、それだけ人一倍の努力をご先祖に求められているということでもあります。

しかし、大変だという理由だけで次第にご縁が遠ざかる方も結構おいでです。

私はそれもまたご縁と思いますので構わないのですが、今苦しい毎日を送っているその方の子供さんと、供養を待ち続けてようやく私とのご縁まで作ったその家のご先祖さまが何とも可哀想に思えてなりません。

供養がどんどん進んでいい結果をいただけるのも、更につらい日々が続いて行くのも、ひとえに両親の覚悟次第なのですが、私もご縁ができた以上は嬉しい結果を私自身も見届けたいと思っています。そのため大変失礼とは思いながら叱るようにお話することもあります。それでも先ほどのように距離的に大変ということもあったり、子供が少し快方に向かうとそれで「もうこの辺でいいとしよう」と、まるで薬をやめるように中断なさる人もあります。以前は私もそういう場合は、待ち望んでいた死者たちの気持ちを汲んで、

「何故、どうしてやめることができるのか」

と、呆れたり怒ったりもしました。

が、現在はそのことに関するメッセージでいろいろな教えをいただいたこともあって、「やむをえないこと」として自分の気持ちを整理しています。

一口で言えば、私とご縁が結ばれないのも途中で中断することになるのも、それはその家の因縁なのだろうということです。

とにかく最初に相談にみえる方は、

「今すぐうちの子供を救ってほしい」

と、そのことだけで寺へおいでになっています。

「よろしい。治してあげましょう」

と、すぐに何かを拝んだり祈祷したりするような所と私の寺は全く違いますので、先ずこの本に書いておりますようなお話をしながら少しでも正しい供養の心をわかっていただこうといたします。

「治そう治そうというそのお気持ちはわかりますが、そうした目先のことばかりに夢中になっているのがそもそもの間違いで、今こうして子供さんの異常を見せられているあなた方親御さんの心の中が問題なのです」

そう申し上げても、

「そんな話を聞いてどうして治るのか」

という顔をしておられます。

ここでご縁が切れてしまう因縁の方もあります。そういう方々は論外としまして、ここでは、私の言わんとすることをよく理解されて供養に進まれた方々についてのお話を続けて行きたいと思います。

私の霊視や、実際の供養の場でのことなどから、なんといっても『死者は生きている』のだという事実を体験されますと、どなたも自然に供養というものの価値がわかって来て無理なく供養ができるようになります。そうなれば何度も申しましたようにこの道がいい結果へと通じる道であることは確かなことで、ようやく子供さんのつらい役目も終わることになるのです。

ところが供養をするこの世の者にはこの世としての悩みや制約がつきものです。お一人お一人と供養をしている間にもその途中で様々な壁に突き当たることがあります。どなたでもそうです。気楽な旅ばかりとは言えませんがこの道以外に道はないのですから、ひたすら進むしかありません。

嬉しい例ばかりたくさん並べるのは簡単ですが、それでは薬のコマーシャルみたいになりますので、敢えてこの章では、途中で悩んだり迷ったり、そして供養が頓挫してしまったりした事例をいくつかあげて、それらのことを心構えの反面教師として参考にしていただけたらと考えました。

先ず最初は、事例としてあげるまでもないことなのですが、毎日のように、「少しはよくなって来たろうか。昨日に比べてどうだ」と、子供の一挙手一投足を薬の効き目を見るように「まだかまだか」と見ていても仕方がないのではないかということです。

親心とはそういうものだとは思いますが、こんな調子では迷った死者たちを成仏してもらおうという初心も大きな役目もどこかへ薄れて行ってしまいます。

こうした心を死者たちは決して見逃しません。そして、それまでとは別の作用を子供の上に示したりすることもあるのです。今までとじこもりがちだったのに突然家を出て行ってしまったり、病院を嫌がって帰宅していたのに自分から病院へ戻って行ったりもします。こんなような時はまず両親の心が死者たちから離れています。そして、子供の様子の変化だけを「どうだどうだ」と見つめている場合がほとんどです。

「いや、不思議なもので以前に比べて随分良くなってきたような気がするぞ。こんな調子ならまた働けるようになるのも近いかもしれない。とにかく軽くなって早く社会復帰できればいいのだが……」

人間は世に出て働くことだけが一人前ではありません。働くことだけを喜ぶ親を子供はどんなにつらく感じていることか。働けない自分をどんなに悲しく思うことか。親のそんな姿を見せられてばかりいたら家を出たくなるのも当然というものです。

今子供は働くなどということを遥かに超えたもっと素晴らしいことをしているのです。心を冒されるというつらさの中で頑張っているのです。家のため家族のため両親のために今苦しんでいるのですから、子供としてはそれだけでもう立派な生き方をしているではありませんか。それをわかってあげなければ本当に可哀想です。子供のほうが親より偉いのです。

本当のことはなかなか学べない

供養の途中でこんなことを言う人がいます。

「どうもまだ全然駄目な先祖がいるみたいなんです。もういい加減にしてもらいたいですよ」

自分ではもうこれまでに随分努力して供養を続けて、結構たくさんな死者を成仏させて来たつもりでいるのに、それなのに息子はまだ治らない。特にこの数日は今までに見たことも聞いたこともないことを言ったりしたりしている。どうもこれまでとは別の死者が新しく息子を使っているような気がしてならない。

それで、もういい加減にしてほしいという言葉になったようです。

この人はこれまでに死者たちを一生懸命に供養し続けて、その結果として息子さんが確実に一歩ずつ変化する姿を見せていただいています。ところが供養を仕事のように一つずつ「片づけて行く」気持ちのほうに夢中になって、死者たちがこの世への執着から離れられずに迷っているその苦しみを自分のことのように思うという心を忘れてしまっています。

それに何よりも今まで自分の親も自分も、今息子の所へ来ている先祖の方々について一度も考えたことがなかったことを詫びてもいません。本来ならそれを心から懺悔して謝ってそれからが語りかけです。語りかけとは、上のほうから下の者を見下して言い聞かせるのとは違うのです。

もう随分供養してやったという思い上がりがあってどうして本当の供養になりましょうか。供養は、供養という名の行為をすることが目的ではありません。どんな哀れなご先祖でも、私たちの切っても切れないご縁のご先祖ではありませんか。その方々の今の苦しみは、私たち子孫が今受けているこの世の苦しみよりもっともっと強い激しいものであることをわかって上げなくてはなりません。

死んでからの迷いの苦しみよりも、今のこの世で受ける苦しみのほうがずっと楽なのですから、今の自分たちの現状に不平を言うより前に優しい気持ちで死者を思い、今苦痛を受けているからこそ学べていることに感謝することです。もし、今のことがなかったら、自分たちこそ死んだ後に確実に迷う死者になっていたはずです。今生きていて供養に通う足も体もあることがどんなに幸せなことかよく考えてみることです。

この例のように途中でつい泣きごとや愚痴を率直に言ってしまう人もありますが、しかし、この人もそうでしたが私に叱られたり励まされたりしながら、次第にとても素直な自然な姿勢で供養ができるように自分自身が変わって行きました。

そしてとうとう元通りの息子さんを再びわが手にされたのです。こんな時は私も一段と嬉しさが大きく感じます。

ところでもう一つのお話です。

最近受けとりました手紙の中に私がまたまたがっかりするような内容のものが一通ありました。これは皆さんにも参考になるものがいろいろ含まれているように思われますので、この手紙を下さった方についての概略のことからお話ししようと思います。

この方々はN県にお住まいのご夫婦でお二人とも学校の教員です。かなり長い間息子さんの精神障害に悩み、あちらこちらの宗教をさんざん遍歴した上にようやく私とのご縁ができた方たちでした。私の寺で折を見て実施している説明会にご夫婦で出席されたのが最初でした。

私の話を真剣に聞く態度も、説明会の後で熱心に質問される様子も、これまでに随分苦労をされたらしいお話などからも、私はこの日集まった中ではかなりよく理解なさった方々と思いました。ご先祖の除籍謄本というものが私たちにしても取り敢えずの手掛かりとなる大切なものなのですが、これを役場を回って集めて来ることもこのご夫婦は熱心に早々と進めました。

そして、霊視、供養と進んで息子さんの状態もどんどん快方に向かい、息子さんは両親と一緒に寺へも来て私とも落ち着いて話をするほどになりました。この順調な変化を喜んでいましたところ突然このご夫婦がパタリと姿を見せなくなってしまったのです。やはり気になります。しかし、私はあまり無理に供養を押しつけるのを好みませんので、気になってはいてもこちらから特に声をかけないようにしていました。

が、そうはいってもあれだけ息子さんが良くなって来ていたのですから、何か特別な事情でもできたのかと事務所から問い合わせの電話を入れてもらいました。

その時は父親である夫が電話に出て気まずそうな声でこう答えられたそうです。

「お陰様で息子もだいぶ良くなりましたが、私たち夫婦の考えと申しましょうか、息子の病は息子自身の力で治させようと思うのです。そんな風に考えておりますのでしばらくはそうさせていただきたいと思います」

これにはやはりがっかりしましたが、結局は私とはご縁の結ばれない方々だったのだなと気持ちの区切りもつけました。

が、その二日後です。今度は母親である妻のほうから手紙が届きました。

これには私も呆れたというか落胆したというか、こんな内容でした。

先日息子さんと一緒に私の寺へ来た帰りの車の中でのことだそうです。息子さんが突然こんなことを言い出しました。

「お母さん。僕はこのままでは地獄だよ」

「そうね。お母さんもそう思うわ」

いつもながらのつらい親子の会話が始まりました。

こんな時、母親が急に思いついたように車の中にあったテープを取り出してかけたのです。このテープはなんと以前に通っていた或る宗教の教祖の講話のテープでした。そのテープからは、かつて幾度も繰り返し聞いたことのある教祖の声が流れて来ました。

「人間が悪い想念を持てば、悪い想念を呼び込んでしまう」

聞いていた父親と母親はこれを聞きながら、

「そうだ。この息子が今持っている悪の想念を自ら断ち切って、そして、善の想念に変えればいいんだ。それで今の精神病を治すことができるんだ」

と思ったようなのです。

私は瞬間に、

「おや、困ったな。とんでもない所へまた戻ってしまったな」

と思いました。悪から善へなんてそんな難しいことがどうしたらできるものか私には見当もつきません。大体、悪の想念とか善の想念とか自分で自由に分けたり取り替えたり、そんなことができるほど人間はたいしたものではありません。それを息子さん自身の努力でやらせるというのですから私は正直言ってこれはもうかなり怪しげな所と思いました。

それなのに難しそうな言葉の魔力のほうが、ご先祖の供養という素直な行為より高い価値があるように思ってしまうのでしょう。こういう人は結構たくさんいます。学校の先生とかそうした職業の人に多く見られますが、一口で申せば心や情といったものより理屈や理論めいたものをいつも上位のものと考えて、難しいほど正しいように錯覚してしまうのです。これも大きな勘違い・間違いというもので、そんな理屈で精神病が治るなら誰も苦労はしません。

この夫婦は私の所でわかったような顔をしていましたが、本当はこんな低い次元の所をぐるぐる回らされていたのでした。いずれにしてもこんなテープが手元にありいつでも聞けるということは、夫婦が過去のこの宗教を捨てることもできずに、ただあれもこれもと食い散かすように私の寺にも来ていたに過ぎないということです。

そんなことをしていたのでは、それこそ息子さんがいうように地獄ではありませんか。

私自身のことで恐縮ですが、今の私も過去の或る時期に自分のそれまでの一切を捨て去ったことから本当の出発となりました。信じていたものも何もかも全部捨てました。

中途半端にあれこれやっていたのでは本当のものは掴めないとはっきり申し上げられます。その時の私はこれでもかというほど自分を見つめなおして、それで呆れるほど惨めな自分というものを知り尽くすことができました。

私は特別な学問などしておりませんので、こうした完全燃焼をすることで自分の器を空っぽにすることができたのだと思っています。ここでの両親は気の毒に学校の先生であることが明らかに邪魔をしました。どんな状況になっても自分を空っぽにできないのです。そしてそれを自分で気がつかないまま子供一人自分の手で救えずにただ嘆いているだけです。

結局一番気の毒なのは息子さんです。両親はその心の奥底にある思い上がりのために、またまた本当の解決の道を自分の手で取り逃がしてしまいました。

またこれとは別に、瞑想という一つの作法をして自分自身を高めれば邪悪な働きが消えて行くというようなことも聞くことがあります。瞑想自体は人間の修養という意味ではそれなりに良いものと思いますが、学問や教養や修養というような結構なものと、今ここで私たちが学ぼうとしているものは全く違う次元のものです。

心の病を契機として人間の心の真実、正しい生き方を知ろうとしています。生まれた時の素直な自分を失っては何にもなりません。神とか仏とか魂のことは理屈や知識で片づけられる話ではないのです。

子供のおかげで安らかさを知る

人はさまざまでこれも因縁なのでしょうが、入り口まで来ていながら結局は再び方向違いの道に戻ってしまう人もありますが、しかし、人間は本来素直に生まれているのですから嬉しいことに大部分の方々はご縁の結ばれた通りにいい結果へ向かって歩んで行かれます。

こんな事例もお話しておきたいと思います。

もうかれこれ十年近くもご縁をいただいているご婦人のEさんと息子さんのK君のことです。

Eさんの悩みの種であったK君はもう既にすっかり元気になって元通りの姿になっていますが、Eさんはまだご供養が済んでいない方を一生懸命見つけてはご供養に通って来ていらっしゃるのです。

そんな或る日、寺へみえたEさんと私は雑談をしていましたが、話はEさんと私が初めてお会いした頃のことになりました。Eさんはつくづくとこう言われました。

「昔私たち夫婦が勝手に堕してしまった子供たちのように、もしあのKも堕してしまっていたとしたら、今のようにこんな素晴らしいものをとても学ぶことができなかったと思います。私は先生。今Kを産んで本当によかったと心から思うんですよ」

実はこのEさんの家族は、夫婦と精神を病んだK君の三人だけです。そのほかには一人もいません。水子さんは別にしてこの世に誕生した子供はもう一人あったのですが、小学生の時に水の事故で亡くなられてしまい、それからはK君ただ一人をそれこそ一粒種として大事に育てて来られたのでした。

そして十年前、このK君が突然の異常です。しかも、あっという間にどんどん悪化したのです。当時を振り返ってEさんはこんなことも言いました。

先生。今思い出してもあの頃の私たち夫婦は、この目も耳も感情も全部節穴みたいなものでしたね。息子のKよりも私たち親のほうが当然何にでもずっと優れていると思っていたんですが、そんなこととんでもないことがよくわかりましたね。

なにしろKには見えるものが私たちには何も見えないし、Kが感じることだって私たちには何も感じられないんですから。

　初めて目茶苦茶になって暴れた時、Kはこんなことを言いました。

「おい！　ほら、あすこにいるだろう？　どうしてお前には見えないんだ！　馬鹿野郎！」

　そう怒鳴って私に物を投げつけたりしたんです。その時の私は、ああKが大変なことになってしまったと、すっかり動転してただオロオロするだけでしたけど、そんなことを何度も繰り返しているうちに、私こう思ったんです。

「あの子にはちゃんと見えているものが、情けないことに親の私たちには見えないんだ」

　本当にそうだと思いました。あの子のほうが目が確かで、親だからと威張っていた私たちの目はまるで節穴なんだなって。

　でも良かった。Kもすっかり元通りに元気になりましたし、今日もアルバイトに行きましたが、出がけに玄関で私にこう言うんです。

「お母さん。今日は長江寺の萩原先生の所へ行くんだね。気をつけてね。先生によろしく……」

私あの子に今日のこと何も話していなかったのにですよ。何でもわかるんですね。そんな調子であの子には私たちが目にしたこともない水子さんの姿までちゃんと見たり感じたりできるみたいなんです。

でも、そんな息子のおかげで今こうして困っていたご先祖の方々の供養をさせていただけるんですから、本当に有り難いことだと感謝しているんですよ。

こう言ってEさんは実に安らかな顔を見せてくれました。いかがでしょうか。

このような安らかな心で供養ができる境地は、決して難しいものではありません。

死者の方々の意識の安らぎが、すべてをいい方向へと向かわせてくれるのかもしれません。それも、供養する側の素直さ一杯の心があってのことで、どなたにでもできることと私は思っています。

理屈は無用どころか邪魔物です。供養というものは、今苦しんでいる子供の姿から教えられる死者たちとの素直な魂の触れ合いです。ですから、神仏にもご先祖にも子供にもただ感謝しかありません。

八、治ればそれでもう良いのか

真実はただ一つ

最後の章になりました。

子供たちの心が盗まれて、子供たちの精神に異常が起きることが最近特に多いということからこの本が出版されることになったのですが、ここまでのところで誰が何のためにどうやって子供たちの心に入り込むのか、それを詳しく説明して来ました。

更にまた、そのことが起きてしまう本当の意味をよく考えてみながら、私たちのこの問題に対する正しい姿勢とはどういうものか、それについてもご一緒に考えて来ました。

それらはどれもこれも初めて読むようなことばかりだったと思いますが、このことに真っ正面から取り組んで二十年たった私の膨大な量の経験から得たことばかりを書いたつもりです。

今回のこの本の性質上、かなり無理をして短縮・簡便を心掛けた所もあります。

短縮・簡便ついでにここまでにお話したことの概略をここにまとめて並べてみます。

まとめるとどうしても言葉不足になりますが、読んだ内容を思い出すためのメモにでもしていただければ幸いです。

＊

1、この現象は、死を自覚できずにいる死者の意識が子供たちの心・意識に入ってしまうこと、つまり、憑依によって起きている。薬や病院という世界のことではないのでそれらは全く役に立たない。

2、その死者たちとはその家族の家系に関わる人たちで、肉体は死んで既に存在しないのにその肉体に付属していた意識が生き続けていて、縁あるこの世の人間にその迷って混乱している意識を送って来る。それを気づかせるために愛している子供の体と意識を材料として使っている。だから本当の目標は子供ではなく子供の両親である。

3、子供を治すには、子供の両親がこのように現在迷っている死者たちを一人一人捜し出して特定し、放置していたことを深く詫び、当寺独特の供養の助けを借りながら一人一人が納得して成仏していただく以外に方法は何一つ無い。

4、この供養は両親の心の間違いを正さなければ死者には届いて行かない。間違いとは、誤った慣習のままその間違いにさっぱり気がついていないことであり、今の生き方・暮らし方の大きな変革がまず第一に必要である。間違ったまま死ねば今度は自分たちが死後に迷って子孫に頼って行く先祖になってしまう。

＊

簡単にまとめてもこれだけの要点がありますが、どれもこれも大切なことばかりです。

とにかく機械の故障を直すのとは全然違う目に見えない世界のことを解決しようというのですから、ああしてこうすればというマニュアル式な考えを求めていたならば絶対に結論は見えません。ひたすら素直な心でご先祖を思うことです。

治るということ、治すということは、供養をする私たちの心次第で初めて手にできる結果だということです。

ここからはこうした既にお話したことのおさらいを兼ねながら「真実はただ一つ」というテーマを最後の章として述べて行くことにしたいと思います。

供養なんて当然の務め

ごく最近のことです。時々手にすることのできる嬉しいお手紙がまた一つ届きました。

それは去年八王子から北海道へ引っ越して行かれたY夫人からのもので、文面を読んでいるうちに過ぎ去った日々のことが一つ一つ細かく思い出されて感慨もまた一入《ひとしお》でした。

彼女の息子さんの症状はまさに『心を盗まれた子供たち』そのものでまだ少年の頃からでした。それもかなり重いもので、最初にご本人の様子を詳しく伺った段階では、ちゃんと息子さんを救ってさしあげることが出来るだろうかと、私も一瞬不安を覚えたほどでした。

しばらくは他の方々の場合と同様に母親であるＹさんだけが寺へ通って来られたのですが、半年ほどたったある日のこと、今日は調子が良いのでと息子さんを連れてみえたことがありました。なんと体も大きく年齢ももう三十才をとうに超えている息子さんでした。

ちょっと拝見しただけでもこの息子さんが長い間苦しみ続けて来た様子が見て取れて、私はこの母と子のつらかった日々が痛いほどよくわかりました。Ｙさんは私の話すことを本当によく理解なさって一生懸命に供養を続けられました。

彼女は寺へみえるといつも私に息子さんのその日までの様子を細かく説明なさるのですが、私がその都度感心してしまいますのは、この母親は息子の心を冒している死者の存在を正しくしっかり信じているということでした。そして息子の体の中に入った死者と少しも恐れることなくいつも堂々と対話しているのです。

この方の住まいは私の寺と同じ八王子市内で、ご主人は既に他界されていて、母親一人でこのかなり重症の息子さんのことで努力して来たのです。

このYさんも私とご縁ができるまでは、多くの人々とまったく同様にいろいろな宗教を遍歴して歩いて、そのため貯えも底をつき始めていました。

こんなことを繰り返していても息子はとても治りそうもないし、いっそ今の家を処分して、自分の実家のある北海道へ息子を連れて移ることにしようと心を決めたのでした。

そんな或る朝のこと、近くの公園に犬を連れて散歩していたYさんは近所の人にふと声をかけられました。どこか沈んだ彼女の姿にその近所の人はつい声をかけたのだということでした。何気ない話題が始まったのですが、いつの間にかYさんはその人に、正直に息子の状況まで溜め息まじりに詳しく話をしていました。

するとその人がこの八王子にとても不思議な方がいるらしいと、そんな表現で私の寺のことを話されたのだそうです。

Yさんは北海道へ帰る前に今一度の機会を試してみようと何故か大変に心を動かされ、いろいろ尋ね歩いてようやく私とのご縁になったということでした。

最初のご相談の段階で、これはもう明らかな死者の憑依現象と判断できましたので、私は彼女にこう申し上げました。

「これが最後のチャンスと思うこと。そして何よりもご縁のある死者を端から全部供養のやり直しをすること。どこかで拝んでもらったことと思いますが、それで死者が成仏したのならもう息子さんに入っている死者はいないはずです。この寺ではいつも仕方がないので全部『供養のやり直し』をしています。供養料は、家を処分して北海道へ帰る時に少しでも納めて下さい」

こんな約束で供養をスタートしましたが、それからは他の方々と変わりのない進め方です。確かに地元という地の利はあったようで、供養は順調に進んで行きました。

寺へおいでになる度に息子さんの変化の様子をいろいろ詳しくお話して下さるので、私も勉強になるし楽しみでもありました。

が、供養のやり直しをして本当によかったと思いましたが、死者たちの意識はどれもこれも強くて確かにこれでは息子さんが重症のはずです。

当然供養は尋常のものではありません。それに、それこそ終りがないのではと思えるほどたくさんの浮かばれていない死者がある家系でした。

「ご供養は当然の務めなんですから……」

と、少しもへこたれずに淡々と供養を進めるYさんの取組み方を見て、

「大丈夫だ。これなら絶対に息子さんは治る」

と、私は信じました。

治るという喜びとは

やがて、そろそろ今住んでいる家を売る話を進め、同時に次の北海道での住まいも決めなければということになって、Yさんは北海道にも時々行ったりして何かと準備を始めました。

北海道の身よりの人から紹介された北海道の家は環境も建物もYさんはとても気に入りました。そして息子さんにその家の写真を見せて相談しました。

「お母さんはどうせあなたより先に死ぬんだから、あなたにとって一番良い住まいを決めようと思うのよ」

するとY息子さんは明るく笑ってこんなことを言いました。

「お母さん、何を考えているんだよ。俺はお母さんより先に死ぬんだよ。俺が先に死んで向こうへ還ってから、それから俺がお母さんを呼びに来るんじゃないか。だから、その時になってまだそっちには行きたくないなんて我が儘言って俺を困らせないでくれよな」

先に死ぬのだからそんな北海道の家のことなどは、すべて母親に任せると言うのだそうです。

翌日寺にみえたYさんは、

「先生。私の家では母子でどっちが先に死ぬんだとか、こんな話をしているんですよ」

と、笑っていましたが、これほどにこの母親のYさんも、息子の変化を心静かに落ち着いて観察できるように成長したのです。普通の母親ならば息子が先に死ぬなどと言えば、

「先生。本当にうちの息子は私より先に死ぬんでしょうか。どうして息子が私より先に死ななければならないんでしょう」

と、取り乱したりもするでしょう。

Yさんはこれまでに嫌というほど重ねた苦労の体験から、人間の真実の姿を冷静に素直に正しく学べていたのです。

私たちのまわりにも、先祖の中にも、親より先に死ぬという因縁を持ってこの世に生まれ出て来た子供はたくさんいます。このことは偶然のことではなく、すべて意味があってのことなのです。

死ぬことも、また、病むことも、そして生きているそのことにも、しっかりとした教えと法則があり、意味なく起きることは何もありません。

苦しみ悲しみが伴うものであるならば、それは先祖としての安らかな位置を見つけられずにいる哀れな死者からの迷いの思いの結果と思って先ず間違いありません。

つまり、私たちの親、更にその上の方々のこの世での間違った生き方の現れなのです。この世の私たちもまた、葬式の読経一つですぐに仏になるなどと都合良く考えていたのではこの繰り返しはいつまでも終りそうにありません。

この本ではこのことを強く訴えていますが、先祖先祖と敬う気持ちは大切ですが、先祖も愚かな人間であったために、昔からの因縁を少しも解決できずにいるということを私たちはしっかり知っていなくてはなりません。だからこそ供養が大事であるし、それは人間が生きている以上誰もがどうしてもしなければならない基本の務めなのです。

それなのに、せっかく供養できる段階に自分が置かれても「なぜこんな目に」という被害者意識からなかなか脱け出せず、供養を途中で中断してしまう人がまだまだいます。

これは自分の役目だという自覚がまだできていないためで、それがどんなに大変な行為であるかお気の毒にまだわかっていないのです。

しかし、こうした場合はまるで無知だったから仕方がないとも言えるのですが、供養によって良くなった部分はすぐに忘れてしまい、まだ治り切っていない所ばかりを「まだ治らない、まだ駄目だ」と、しきりに気にしている人の多いこと。

結局は、ただ死者の憑依から逃れよう、治ればいいと、それだけの形だけの療法としてしか供養を考えていなかったということです。

このように、私の寺へおいでになっていても、完全に子供さんを治した方、あと一歩という方、いろいろですが、どなたも正しい供養が決して楽なものではないことをよくご存じのようです。生きていることの意味を思えばそれが当たり前であることもよくおわかりになっている様子です。

現在もN県からみえるまだ若いご夫婦が、幼い子供さんがやたらに動き回るという自閉症の一種を、供養によってどんどん治して行っています。

このご夫婦の正しい供養の心が私には手に取るようによくわかりますので、お二人の姿を見る度に私は心から励ましています。そして、よく私の話を素直に理解して下さったとお二人のご先祖と一緒になって感謝しているところです。

この稿の終りに、Yさんの北海道からの最近のお手紙を、他のたくさんの方々にとってなにがしかの励みになればと、Yさんのご了解を得て一部分をそのまま転載させていただくことにします。

＊

お陰様で母子と犬一匹、毎日天気さえ良ければ、後になり先になりして散歩することを日課にしております。

息子も携帯のメールができるようになりましたので、今度はパソコンに挑戦です。私が習って来たことを息子に教えるという方法で、息子もどうやらメールとデジカメの映像をパソコンに移して見るということができるようになりました。

短時間のことではありますが、集中して何かをすることができるというのは本当に久し振りのことで、中学校以来かと思います。できた時の彼の嬉しそうな顔を先生にお見せしたいものです。

＊

この本も終りが近づきましたので、蛇足ながら一言つけ加えます。

私はもともと何事にも「こんなところでよかろう」といい加減なところで手を引くことができない性分なものですから、私とご縁が結ばれた方々には夢中になってお話をする癖があります。私が体験で知り得た少々難しいことでも相手を選ばずに全部を伝えようと一生懸命になってしまうのです。

ところが世の中には、先祖も神も仏も、とにかく目に見えないものは頑固に信じようとしない人がいます。私のような者からすればいわゆる箸にも棒にもかからない人たちということになりますが、以前はそういう人たちにも私は少しでも真理に目覚めてほしいと思って熱心に説きました。

しかし、「最近はいろいろメッセージで教えられたこともあり、無理に「こっちを見なさい」とばかりにお話をすることはやめております。生きている今何故自分は呼吸をして生かされているのか、そのことだけでも考えてほしいのですが、そういう人たちは何もわからないまま死んで行って死後に後悔してさんざん苦しみ、それからようやく気がつくようにと、その人のご先祖がそのようなレールを敷いて下さっているのだと思います。

こういう人たちはともかく、苦しみや悲しみを嘆いてあちらこちらと無駄な道ばかり歩かされ続け、それでいてどういうわけか私となかなかご縁が結ばれない人たちがいます。それもまた、すべてその方のご先祖がなさっていることであって、なぜ複雑な因縁の家系に生まれてしまったのか、また、どうしてそんなに苦労をしなければならないのか、いずれはきっと魂や心のことと共に気づかされるに違いありません。

ですから、私のほうから「すぐに私の寺へいらっしゃい」などとはどなたにも言っておりません。

その人のご先祖は、その人が苦しみの旅を続け体験を積むのを待ってからきっと導いて下さいます。私はいつでもその日をお待ちしております。

子供さんの心が盗まれて、さぞやびっくりされたでしょうが、その異常事態についてあなたはもう本当の実態の概略は把握できたと思います。

あとはそれを素直に受け入れられるかどうかです。そして大変な役目を背負わされた子供さんを救うためにあなた方両親が、無駄な知識や無知な慣習に振り回されることなく、この目に見えぬ世界のことにきちっと取り組めるかどうかにかかっています。

頑張って下さい。

最後に、この本を手にとってお読み下さったことに心から感謝申し上げます。

（終）

八、治ればそれでもう良いのか

[著者略歴]
萩原　玄明
(はぎわら　げんみょう)

昭和10年11月8日、東京都八王子市の菅谷不動尊教会の次男として誕生。現在は八王子市の宗教法人・長江寺住職。
供養による死者の完全なる成仏と、世の人々の正しい生き方を説いて全国的な活動を展開中。
主な著書に『精神病は病気ではない』『精神病が消えていく』『死者は生きている』『死者からの教え』『あなたは死を自覚できない』『これが霊視、予知、メッセージだ』『あなたも自殺しますか』(以上ハート出版)などがある。

「長江寺」所在地
〒192-0004東京都八王子市加住町2－248－3
電　話. 0426－91－3801
FAX. 0426－91－6010

心を盗まれた子供たち

平成16年2月13日　第1刷発行
平成30年5月22日　第6刷発行

著　者　萩原 玄明
発行者　日高 裕明

発　行　株式会社ハート出版
〒171-0014 東京都豊島区池袋3-9-23
TEL. 03(3590)6077 FAX. 03(3590)6078
定価はカバーに表示してあります。

ISBN4-89295-467-5　C0011　編集担当・西山　乱丁・落丁本はお取り替えいたします

ハート出版ホームページ　http://www.810.co.jp
印刷・中央精版印刷株式会社

萩原玄明の本――好評既刊

死者からの教え

悪霊などいるものか！

四六判上製　２４０頁　本体１９４２円

精神病をはじめとする難病奇病といった辛い苦しみは、霊障でもなければ悪霊の仕業でもない、人間の生きざまへの警鐘である。この世の者の生きざまを憂う彼らの切なる訴え、それがこの世に作用する時、人間には、苛酷な苦難となる。どうしたらその苦難から這い出ることが出来るのだろうか？

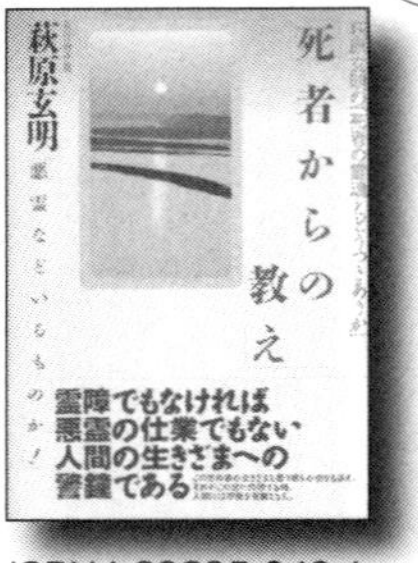

ISBN4-89295-049-1

あなたは死を自覚できない

死んだことに気づかない死者たちが精神病をつくっている

四六判上製　２０８頁　本体１４５６円

今、苦しんだり悩んだりしている人こそ、その原因が何なのかしっかり見つめて、自分の思い違いや怠け心をこの本で早く反省すべきである。
浮かばれぬ死者達が確かにこの世に生きていて、現在どんな思いでいるのかを知れば、自分が何をすればいいかすぐにわかるのではないか。

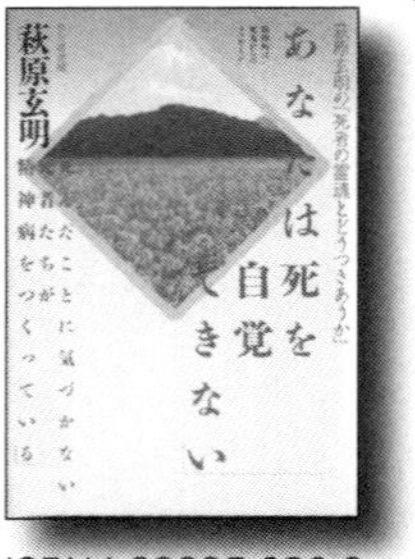

ISBN4-89295-086-6

これが霊視、予知、メッセージだ

新・死者たちからの映像通信

四六判上製　２６４頁　本体２０００円

著者がハート出版から出す以前に、発行された著書「死者達からの映像通信」「御仏と死者と」の待望のダイジェスト版。第１部では、霊視というものの不思議と、予知してしまう天災や大きな事故などについて。第２部では、著者自身の不思議な体験を自伝風にまとめたものになっている。

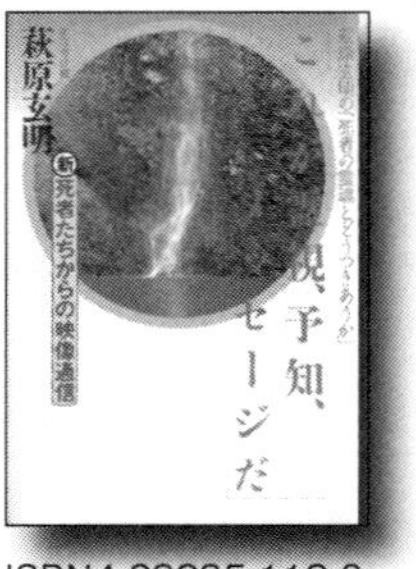

ISBN4-89295-112-9